임동석중국사상100

십팔사략
十八史略

3/7

曾先之 編 / 林東錫 譯註

《十八史略》
元, 曾先之 編次
陳殷 音釋. 王逢 點校. 何景春 捐俸刊

"상아, 물소 뿔, 진주, 옥. 진괴한 이런 물건들은 사람의 이목은 즐겁게 하지만 쓰임에는 적절하지 않다. 그런가 하면 금석이나 초목, 실, 삼베, 오곡, 육재는 쓰임에는 적절하나 이를 사용하면 닳아지고 취하면 고갈된다. 그렇다면 사람의 이목을 즐겁게 하면서 이를 사용하기에도 적절하며, 써도 닳지 아니하고 취하여도 고갈되지 않고, 똑똑한 자나 불초한 자라도 그를 통해 얻는 바가 각기 그 자신의 재능에 따라주고, 어진 사람이나 지혜로운 사람이나 그를 통해 보는 바가 각기 그 자신의 분수에 따라주되 무엇이든지 구하여 얻지 못할 것이 없는 것은 오직 책뿐이로다!"

《소동파전집》(34) 〈이씨산방장서기〉에서 구당(丘堂) 여원구(呂元九) 선생의 글씨

〈七牛虎耳銅貯貝器〉(서한) 1956 雲南 晉寧縣 滇王墓 출토

본권의 역사적 개괄(3)

동한東漢→삼국三國→서진西晉까지

❊ 본 《십팔사략》 제3권은 동한(東漢: A.D. 25년~220년) 광무제光武帝 유수劉秀의 건국으로부터 삼국(三國: 220년~265년), 그리고 서진(西晉: 265년~316년)의 멸망까지 다루고 있다.

특히 삼국은 위魏나라를 정통으로 보지 않고 한蜀漢을 정통으로 보아 그 기년紀年에 맞추어 사이사이 위나라와 오吳나라의 역사와 사건, 일화를 삽입하여 설명하고 있다.

따라서 전체 구성이 동한東漢 12황제(光武帝, 明帝, 章帝, 和帝, 殤帝, 安帝, 順帝, 沖帝, 質帝, 桓帝, 靈帝, 獻帝)와 삼국 촉한蜀漢의 2황제(昭烈帝, 後帝)를 거쳐 서진西晉의 4황제(武帝, 惠帝, 懷帝, 愍帝)로 이어지고 있다.

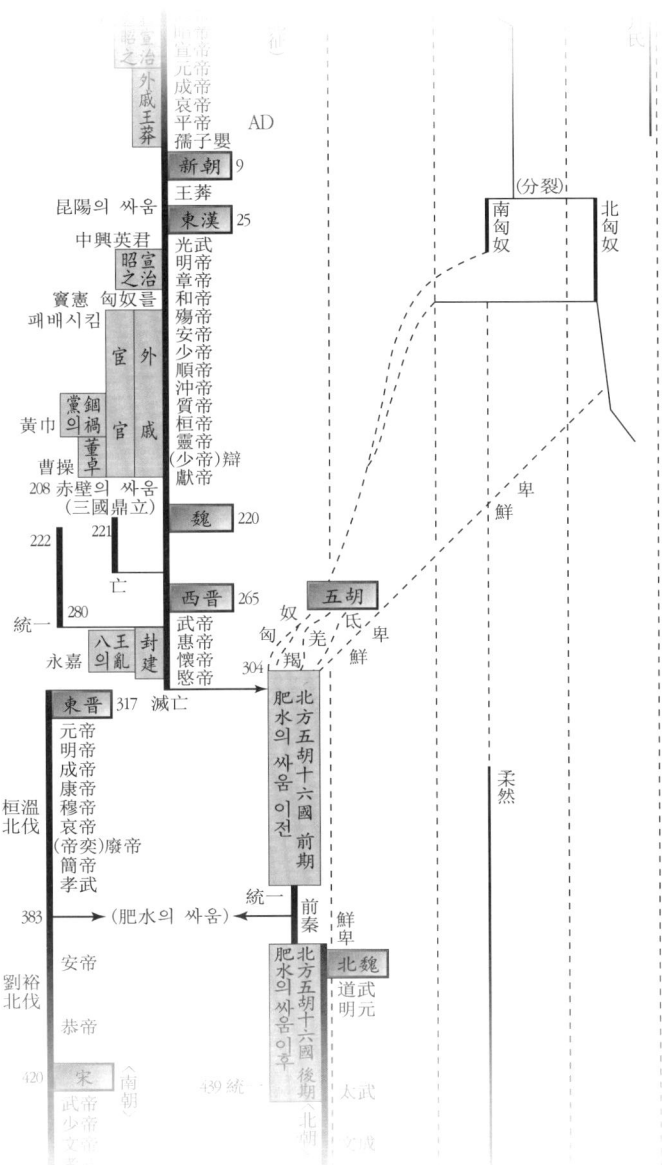

해설 <차례>(3)

Ⅰ. 동한東漢
  1. 한 제국의 중건
    (1) 광무제光武帝 유수劉秀
    (2) 명장지치明章之治
    (3) 대외 관계

  2. 동한의 쇠망
    (1) 외척外戚과 환관宦官의 대두
    (2) 당고지화黨錮之禍
    (3) 황건적黃巾賊의 난
    (4) 군웅할거와 혼전

Ⅱ. 삼국三國
  1. 조조曹操의 중원中原 확보
  2. 적벽지전赤壁之戰
  3. 삼국의 정립鼎立
  4. 삼국 말의 형세

Ⅲ. 진(晉-西晉)
  1. 서진西晉의 건국
  2. 팔왕지란八王之亂
  3. 영가지란永嘉之亂과 서진의 멸망

Ⅰ. 동한東漢

1. 한 제국의 중건

(1) 광무제光武帝 유수劉秀

　신망新莽 말년 녹림병綠林兵이 유안劉安을 옹립하여 경시제更始帝로 삼아 정권을 세웠으나 유현劉玄이 유연劉縯을 죽이는 일을 유수劉秀가 거짓으로 대신 죄를 빌어 결국 신임을 얻은 뒤 황하 이북의 요충지를 담당하게 되었다. 유수는 그곳에서 실력을 키워 한나라를 재건한다는 기치를 내걸고 결국 호鄗, 지금의 河北省 柏鄉縣에서 즉위하게 된다. 이가 곧 광무제光武帝이다.
　그는 유현劉玄이 장안長安에서 적미병赤眉兵에게 살해되자 이를 기화로 즉시 남하하여 낙양洛陽을 취한 다음 그곳을 도읍으로 정하였으며 그 뒤 연속하여 적미병과 녹림병의 잔여 세력을 잠재우고 명실공히 단일 제국으로 다시 우뚝 서게 된 것이다. 그런데 그가 도읍한 낙양이 전대 수도 장안陝西省 西安보다 동쪽이었으므로 역사상 이를 '동한東漢', 혹은 '후한後漢'이라 부르게 된 것이다.
　광무제 유수는 나라를 일으킨 다음 민심을 수습하기 위하여 여러 가지 개혁을 서둘러 성공을 거두었다. 우선 노예를 석방하고 노예를 학대하는 일을 엄격히 금지시켰으며, 조세와 요역徭役을 경감하여 백성들이 마음 놓고 생업에 종사할 수 있도록 분위기를 조성하였다. 그리고 태학太學을 회복하고 문교를 제창하여 당시 사인들의 사기를 높여주었다. 즉 즉위 초에 왕망에 맞섰던 탁무卓茂를 등용하고 엄광嚴光과 주당周黨을 우대하는 등 일화를 낳기도 하였다. 나아가 관리의 횡포를 막고 탐관오리를 척결하는 등 이 일련의 개혁정책은 순조롭게 성공을 거두어 짧은 시간에 안정을 얻을 수 있었다.

〈漢簡〉

(2) 명장지치明章之治

광무제 이후 명제明帝와 장제章帝가 다스린 30여 년 간은 정치적으로 대단한 성과를 거두어 흔히 이 시대를 '명장지치明章之治'라 부른다. 명제는 관리의 임면任免에 지극히 세심하였고, 게다가 수 십 년 간 지속된 수해를 성공적으로 극복하여 생산의 증대를 가져왔다.

그런가 하면 장제 시대에는 잔혹한 법률 50여 가지를 폐지하여 관대하고 후한 정치를 기본으로 삼았으며, 요역과 부세를 감면하였고 유술儒術에 대해서도 역시 괄목할 만한 장려책을 내놓아 성공을 거두었다.

따라서 광무제의 재건으로부터 '명장지치'에 이르는 60여 년은 바로 동한東漢의 성세盛世라 볼 수 있으며, 사회적으로나 경제적으로 안정된 시대였다. 그 외에도 이 시대는 대외적으로도 비교적 환난이 적어 국가와 민생 발전의 좋은 환경을 조성해 주었다.

〈收穫圖〉(畵像磚)

〈鹽場圖〉(畵像磚)   成都 출토의 〈說書俑〉

(3) 대외 관계

명제明帝는 두고竇固를 파견하여 서역西域의 북쪽에 있던 북흉노北匈奴까지 제압하여 서역도호부西域都護府를 중건하였으며, 화제和帝 때는 두헌竇憲을 다시 북흉노에 파견, 그들을 멀리 5천 리 밖으로 축출함으로써 흉노에 대한 일체의 고통을 사라지게 하였다. 이리하여 흉노는 완전히 와해되었으며 그 일부가 유럽으로 이주하는 결과를 낳게 되었다.

북흉노를 몰아낸 동한은 점차 서역과의 관계를 회복하여 서역 경영에 힘을 기울였다. 이때의 반초班超 등의 활약에 힘입어 서역이 비로소 중국의 판도로 굳어지는 결과를 가져오게 되었다.

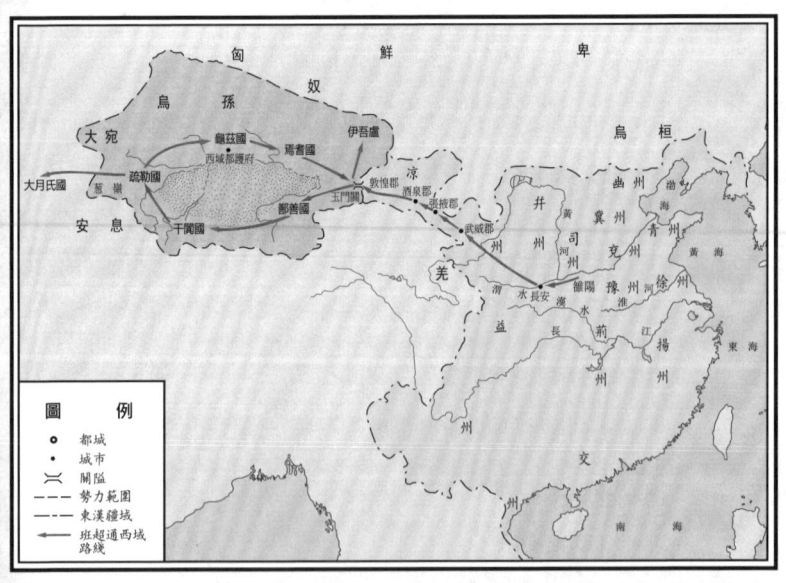

〈동한 영역과 班超의 西域 경략도〉

2. 동한의 쇠망

(1) 외척外戚과 환관宦官의 대두

화제和帝가 겨우 10살에 즉위하자 두태후竇太后가 섭정하게 되었고 이에 따라 외척 두헌竇憲이 정권을 잡고 횡포를 부리기 시작하였다. 화제는 어른이 되어 환관宦官의 세력을 빌려 두헌의 일족을 죽여 왕권을 회복하기는 하였다. 그러나 그것이 도리어 환관의 세력을 키우는 꼴이 되고 말았다. 그런데 그 뒤로 8명의 황제가 모두 15세 미만의 어린 나이로 등극하게 되자 대개 그 모후母后가 정치에 관여할 수밖에 없는 환경이 되었으며, 모후는 당연히 자신의 친정 가족을 신임하여 결국 다시 정권은 외척의 손으로 들어가게 되었다.

뒤에 황제들이 자라나서는 외척의 간섭을 견제하기 위해 결국 신변에 가장 가까운 환관의 세력을 빌려 이들을 제거하는 악순환이 거의 100여 년이나 지속되었다.

이러한 똑같은 형태의 투쟁이 반복되는 동안 환관의 권력은 날로 확대되어갔다. 화제와 질제質帝 사이에서 외척의 권세가 한 때 비교적 더 우세하기는 하였지만, 환제 이후에는 환관이 우세하였다. 이에 조정의 신하들은 당연히 어느 한 쪽으로 기울 수밖에 없었으며, 행정보다는 그 세력의 추이를 살피는 것이 기본 임무인 양 본직은 별개의 것이 되고 말았다. 이러한 환경은 갈수록 부패와 아부, 배척과 투쟁을 낳아 결국 동한이 쇠망하는 주된 원인 중의 하나가 되었다.

* 〈동한 후기 외척과 환관의 권력투쟁 상황〉

황제	즉위연령	재위 기간	외척과 환관의 투쟁
和帝	10세	16년	竇太后가 수렴청정하였으며 竇憲이 권력을 쥐었음. 화제가 자라자 환관 鄭衆과 모의하여 외척 두씨 일당 섬멸, 두헌 자살
殤帝 安帝	생후 3개월 13세	1년 18년	鄧太后가 안제를 세웠으며 鄧隲이 권력을 잡음. 태후가 죽은 뒤 환관 江京 등이 鄧隲을 무고하여 鄧隲이 죽음.
順帝	12세	18년	閻太后가 임조하여 劉懿(소제)를 황제로 세움. 閻顯이 권력을 잡았으나 유의가 반 년 만에 죽자 환관 孫程이 順帝를 세우고 염씨 일족을 멸하고 환관이 득세함.
冲帝 質帝 桓帝	2세 8세 15세	1년 1년 20년	梁太后가 質帝를 세웠으나 梁冀에게 독살당하고 桓帝를 영입하였으며 양기가 정권을 가짐. 환제가 자라서 환관 單超 등과 모의하여 양기와 그 일족을 멸살함.
靈帝	12세	20년	외척 竇武가 정치를 보좌하면서 조정의 신하들과 합세하여 환관 曹節을 없애고자 하였으나 성공하지 못하고 도리어 그들에게 살해됨.
少帝 獻帝	14세 9세	6개월 31년	何太后가 임조하고 외척 何進이 정권을 잡아 환관을 없애고자 하였으나 누설되어 피살당함. 袁紹가 군사를 이끌고 입궁하여 환관 2천여 명을 멸살함. 董卓이 獻帝를 세웠으나 헌제는 曹操의 협박에 의해 許昌으로 옮김.

(2) 당고지화黨錮之禍

동한 중기 이후 선비와 사인士人들은 환관과 외척을 모두 혐오하게 되어 때때로 이들에 대한 상소와 논의가 그치지 않았다.

환제桓帝 때에 태학생太學生들은 이응李膺과 연합하여 환관의 득세를 배척하는 논의를 대대로 확산시켰다. 그러자 환관들은 그들이 사당私黨을 조직하여 조정을 비방한다고 무고하여 200여 명을 체포, 구금하게 된다. 이듬해 외척 두무竇武가 이들을 풀어줄 것을 상주上奏하자 결국 '평생 관직에 오를 수 없도록 한다'는 금고禁錮의 조건을 붙여 이들을 석방해 주었다. 이를 역사적으로 '당고지화黨錮之禍'라 한다.

그런데 영제靈帝가 즉위하고 두무가 정권을 잡으면서 이들 당인들을 다시 기용하여 비밀리에 환관을 제거하기로 모의하였는데 마침 이 사실이 누설되어 두무는 환관의 손에 죽고 이응 등 1백여 명은 다시 감옥에 갇히거나 처형되었으며 6, 7백여 명이 각지에서 체포되는 결과를 낳았다. 이를 일러 '2차 당고지화'라 한다. 이 일이 있고 나서 환관의 득세는 극에 달하였으며 이로써 정치는 깊은 암흑 속으로 빠져들고 황제의 권한이란 명의만 있을 뿐이었다.

(3) 황건적黃巾賊의 난

동한 후기에 이르러 정치가 극도로 부패하고 사회가 혼란을 거듭하자 그에 따라 민생은 도탄에 빠져 결국 각지의 농민 거의 반수가 굶어 죽는 지경이 되고 말았다. 이러한 현상은 자연스럽게 민란을 유도하였고 그 기세는 대단하였다.

즉 영제 때 거록鉅鹿의 장각張角이《태평청령서太平淸領書》라는 책을 경전經典으로 삼아 '태평도太平道'라는 종교 단체를 만들어 교주가 되었다. 아울러 그 자제들이 농민 깊숙이 들어가 백성의 병을 치료한다는 명목으로 "한나라는 이미 죽었으며 장각이 일어서리라. 갑자년에 천하가 크게 길하리라(蒼天已死, 黃天當立;

歲在甲子, 天下大吉"라는 참언을 선전, 포교하였다. 즉 '창천'은 동한을 일컫는 것이요, '황천'은 장각 자신이며 '갑자'는 서기 184년의 간기로, 동한이 망하고 갑자년에 자신이 천하를 잡게 된다는 도참설이었다. 그는 마침내 그 해에 군사를 일으켰다. 이에 참가한 자들에게 모두 누런 수건을 머리에 둘러 이를 '황건적黃巾賊'이라 불렀다.

동한 정부군은 이들 수십만을 죽여 이를 1년 만에 토벌하기는 하였지만 이로써 동한의 국세는 이미 기울대로 기울어 쇠락의 길로 빠져드는 계기가 되고 말았다.

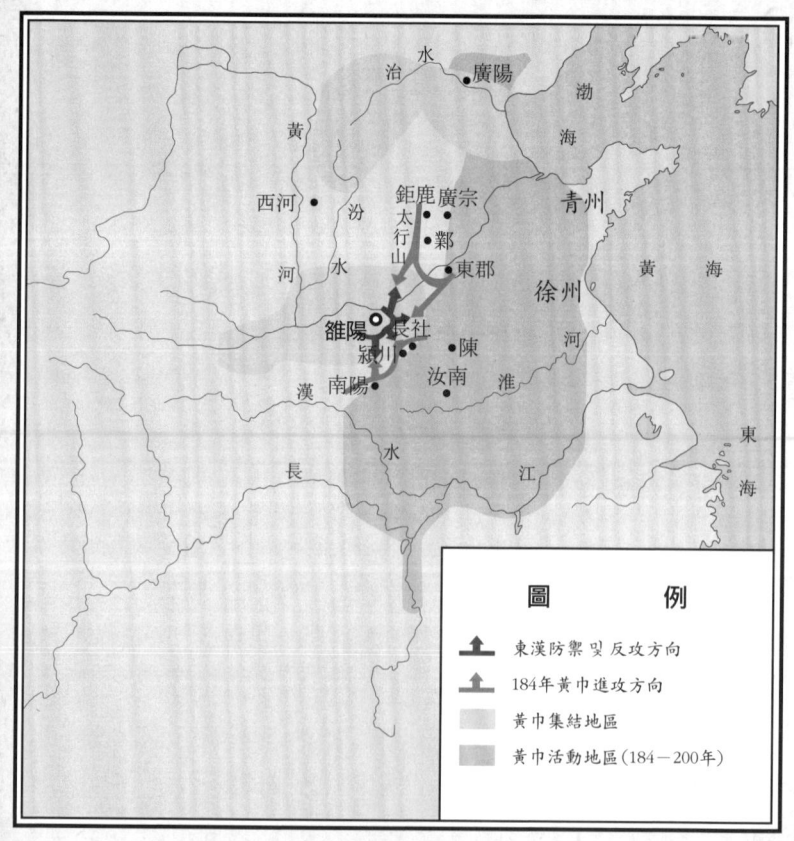

〈黃巾賊의 활동 무대〉

(4) 군웅할거와 혼전

동한 말 중앙정부는 민란을 제거하기 위하여 이 책임을 각 주州에 넘기는 대신 그들이 군사력을 자체적으로 활용할 수 있도록 하였다. 이로써 군수郡守나 주목州牧은 도리어 자신의 재산과 군권 등을 자유롭게 확대할 수 있었고,

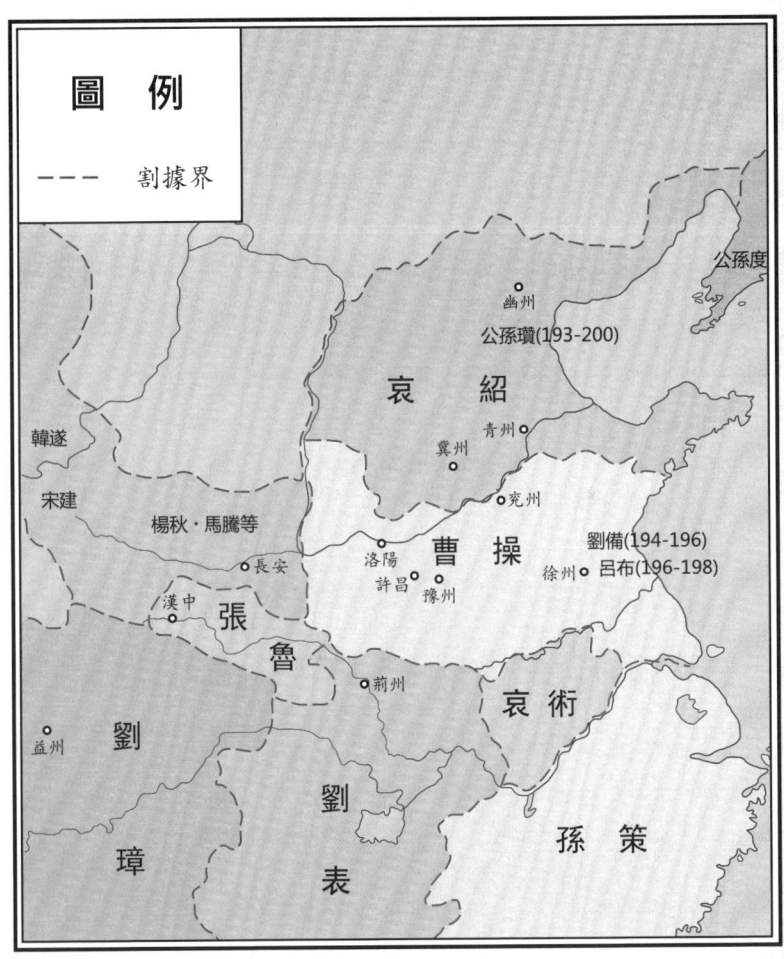

東漢末 군웅할거도

그 세력은 독자적으로 발전하여 나라에 위협이 되는 역효과를 초래하고 말았다.
이에 7대 소제(少帝, 北鄕侯, 劉懿)가 즉위하였을 때 원소袁紹가 환관 2천여 명을 죽여 그 세력을 멸절시키자 그 혼란을 구실로 양주凉州의 장군 동탁董卓이 군사를 이끌고 낙양洛陽으로 들어와 소제를 폐위시키고 헌제獻帝를 옹립하여 원소를 몰아내어 버렸다.

원소는 기주冀州로 돌아가 동방 각지의 주군州郡과 결탁하여 동탁을 토벌한다는 기치를 내세운 다음 맹주가 되었다. 그러자 동탁은 헌제를 위협하여 장안長安으로 옮겨 자신의 역량을 재건하려 하였으나 얼마 뒤 자신의 부하 여포呂布에 의해 죽음을 당하고 말았다. 헌제가 겨우 낙양으로 돌아왔으나 이번에는 다시 조조曹操가 헌제를 허창(許昌, 지금의 하남성 許昌)으로 옮겨 놓고 자신이 천자를 끼고 천하를 호령하였다. 이에 따라 한나라 황실은 수족을 쓰지 못하고 명목만 남은 꼴이 되고 말았다.

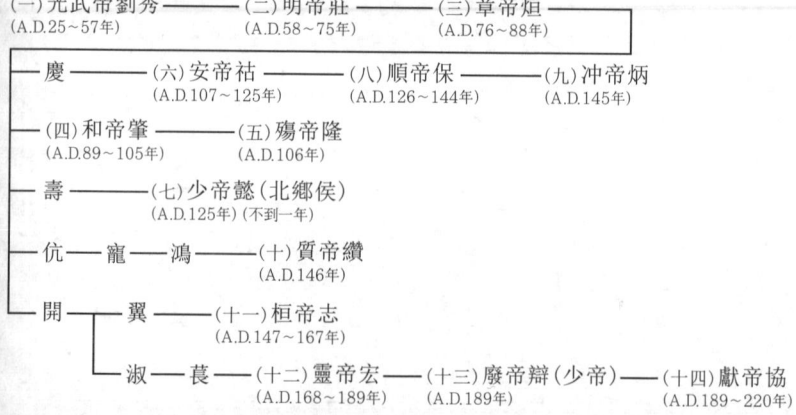

Ⅱ. 삼국三國

흔히 삼국三國과 서진西晉, 동진東晉을 거쳐 남조(南朝: 宋, 齊, 梁, 陳)와 이민족의 북조北朝가 대립하는 370여 년 간을 역사에서는 '위진남북조魏晉南北朝'라 한다.

그 발단은 당연히 한말漢末을 이어 삼국(三國: 魏, 蜀, 吳)의 정립에서 시작된다. 그 삼국을 잠시 통일했던 나라가 서진(西晉, 洛陽에 도읍)이며 100여 년 뒤에 북방 이민족 세력에 의해 남방으로 밀려 진(晉, 司馬氏)의 혈통을 이었던 나라를 동진(東晉, 建康, 지금의 南京에 도읍)이라 한다.

한편 이미 포기하다시피 한 북방은 이민족에게 넘어가 이민족끼리의 혼전으로 민족마다 나라를 세워 끝없는 공방과 명멸을 이어가게 된다. 그 와중에 무려 16개의 나라가 건국하고 멸망하여 흔히 이를 '오호십륙국五胡十六國'시대라 한다. 그런가 하면 남방은 남방대로 동진東晉을 멸하고 연이어 송宋, 제齊, 양梁, 진陳의 왕조교체기를 맞이한다. 이러한 남북 혼전기를 '남북조南北朝' 시대라 하며 무려 170여 년 간을 지속하게 된다. 그 뒤 수隋나라의 통일로 인해 중국이 다시 하나로 통합되는 시대를 맞게 되는 것이다.

우선 간단히 알기 쉽게 '위진남북조'시대의 개념도를 표로 보이면 다음과 같다.

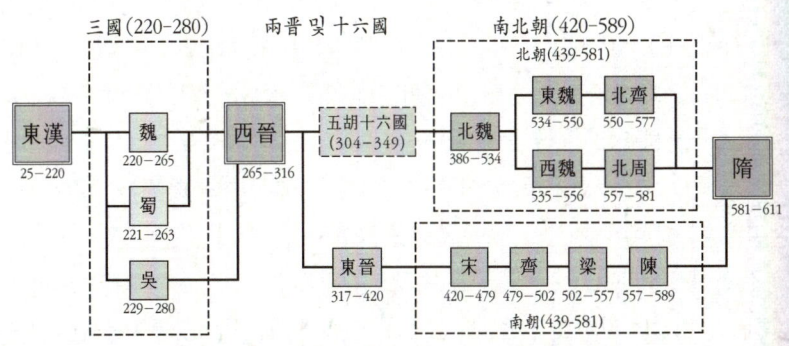

東漢부터 魏晉南北朝, 隋의 통일까지의 分合圖

1. 조조曹操의 중원中原 확보

동한 말 황건적과 대치하던 상황에서 많은 군사 집단들이 출현하였는데, 그들은 서로 근거지를 마련하여 혼전을 거듭하였다.

그 중 황하黃河의 중류와 하류 일대의 원소袁紹와 조조曹操의 무리가 점차 성장하여 북방의 최대 세력으로 부상하였다. 조조는 한漢 헌제獻帝를 끼고 정치상의 유리한 조건을 먼저 획득하였으며, 그를 바탕으로 인재를 확보하고 농업을 장려하여 빠른 속도로 발전하였다. 조조는 넓은 토지와 우세한 군사력을 가지고 있던 원소와 관도官渡에서의 일전에 승리를 거둠으로써 북방의 맹주로 자리잡게 되었으며 중원中原 일대를 통일하게 된다.

2. 적벽지전赤壁之戰

조조가 북방을 정리하고 있는 사이 남방의 할거 세력들은 점차 안정을 찾아 장강長江 중류는 유표劉表가, 그리고 장강 하류는 손책孫策의 아우 손권孫權이 패권을 차지하게 되었다. 그 중 유표가 차지하고 있던 형주荊州는 최대 요충지이며 동시에 가장 안정된 부를 누리던 곳이었다.

당시 중원에서 세력을 제대로 떨치지 못하던 유비劉備는 형주의 유표劉表에게 의지하여 때를 기다리고 있었다. 뒤에 유비는 모신 제갈량諸葛亮과 맹장 관우關羽, 장비張飛, 조운趙雲 등을 얻어 이들의 도움으로 점차 명망을 얻게 된다.

조조가 남방 정벌을 꿈꾸며 유표를 공격하고자 신야新野에 이르렀을 때 마침 유표가 죽고 그 아들 유종劉琮이 항복하고자 하였다. 이에 유비는 퇴각하면서 제갈량을 손권에게 파견하여 연합전선을 형성하여 맞서기를 협약하였다. 조조는 형주에 이르러 무려 20만 대군으로 수군을 재편성하여 장강長江을 타고 동쪽으로 수륙水陸 병진의 작전을 구사하고 있었다. 이에 손권은 주유周瑜에게 3만 군사를 주어 유비의 군사와 아직 항복하지 않은 유표의 군사를 모아 5만으로 적벽赤壁에서 조조에게 맞서게 된다.

손권과 유비의 군사는 수적으로는 열세였지만 원정에 지친 조조의 군사를 맞아 제갈량이 화공火攻의 전법을 써서 묶인 조조의 군선을 모조리 불태웠으며 결국 승리를 거두게 된다. 이 전투는 삼국이 천하를 삼분하는 삼국정립의 계기가 되고 말았다. 아울러 약세였던 유비에게 전면에 나서는 기회를 주게 된 것도 그 결과의 하나였다.

3. 삼국의 정립鼎立

'적벽지전' 뒤에 조조의 세력은 황하에 머물게 되고, 손권은 장강 하류를 공고히 하는 쪽으로 기울게 되었으며, 유비는 형주를 차지하고 이를 바탕으로 익주(益州, 사천성)와 한중漢中을 차지하여 서방의 제국으로 자리를 굳히게 되었다.

조조가 죽은 후 그의 아들 조비曹丕는 결국 한漢 헌제獻帝를 폐위하고 자신이 직접 제위에 올라 국호를 '위魏'라 하고 낙양洛陽을 그대로 도읍으로 정하였다. 그러자 이듬해 유비도 황제를 칭하며 국호를 '한(漢, 蜀漢)'이라 하고, 성도成都를 도읍으로 정하였으며, 손권 역시 '오(吳, 東吳)'를 세워 건업(建業, 지금의 南京)을 도읍으로 하였다. 이렇게 하여 세 나라는 천하를 삼분하여 30여 년을 이어가게 된다.

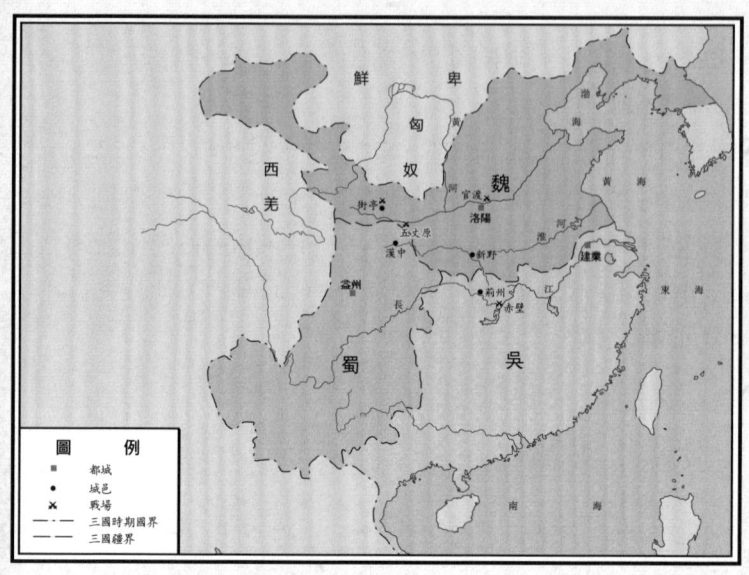

〈삼국 형세도〉

4. 삼국 말의 형세

　삼국이 정식으로 정립되기 전 손권과 유비는 연합하여 조조에게 대항하였지만 형주荊州의 문제로 결국 대립을 보여 갈라서게 된다. 손권은 관우가 조조를 치기 위해 북벌하는 틈을 타서 형주를 습격하여 관우를 죽이게 된다. 유비는 이에 관우의 원수를 갚는다는 염원으로 손권과 맞섰으나 실패하고 돌아오는 도중 백제성白帝城에서 죽고 만다. 이에 제갈량은 유비의 아들 유선劉禪을 즉위시키고 계속하여 오나라와 연합하여 조조를 칠 계획을 세웠으나 몇 차례의 북벌에 성과를 거두지 못한 채 역시 군중軍中에서 죽고 말았다. 이로써 촉蜀의 세력은 날로 쇠약의 길로 들어서고 말았다.

　한편 위나라 역시 권력이 점차 사마씨司馬氏의 수중으로 기울어 실질적인 제왕의 역할을 하지 못하다가 드디어 사마소司馬昭가 촉蜀을 멸한 뒤 그의 아들 사마염(司馬炎, 晉 武帝)이 위제魏帝를 폐위시키고 진(晉: 西晉, 洛陽)을 세우게 된다.

진쯤 무제武帝는 즉위한 후 남은 오吳나라를 멸하여 드디어 삼국 분할시대를 마감하고 다시 중국을 통일하는 시대를 맞이하게 된다.

國名	建國	國君	都　城	滅亡	國君	滅　亡
魏	220年	曹丕	洛　陽	265年	曹奐	晉武帝司馬炎에게
蜀	221年	劉備	成　都	263年	劉禪	魏大將司馬昭에게
吳	229年	孫權	建業(今南京)	280年	孫皓	晉武帝司馬炎에게

〈삼국 흥망표〉

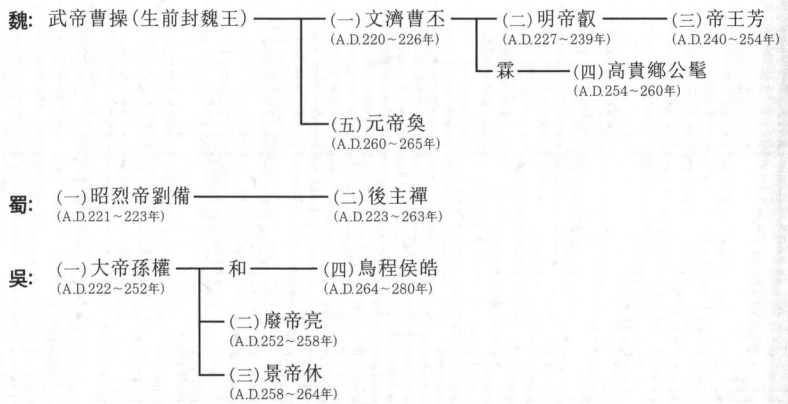

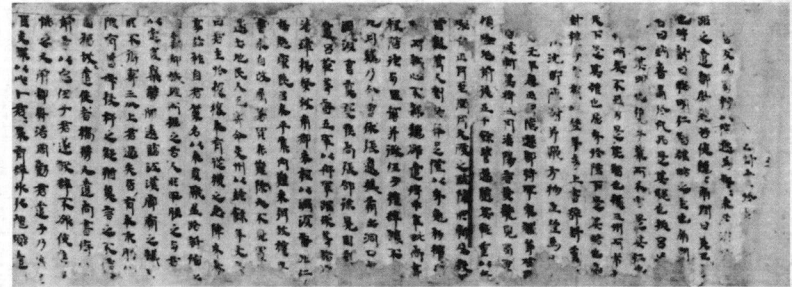

新疆 출토의 《三國志》

Ⅲ. 진(晉-西晉)

1. 서진西晉의 건국

위魏나라 말기 사마염司馬炎은 아버지 사마소司馬昭를 이어 조정의 권세를 휘두르다가 결국 황제를 협박하여 정권을 이어받아 진나라를 세우고 낙양洛陽을 그대로 도읍으로 정하였다. 이를 서진(西晉: 265~316)이라 하며, 서진은 실제로 50여 년 4명의 황제가 이어온 그리 길지 않은 왕조였다.

진晉 무제武帝가 통치한 25년은 서진西晉 기간 중 그나마 비교적 안정된 시기였다. 삼국 대치국면을 해소함으로써 남북이 다시 소통하게 되었고 그에 따라 물자 교류와 농업 및 수공업도 어느 정도 발달을 가져왔으며 상업도 점차 활발한 기세로 전환되었다.

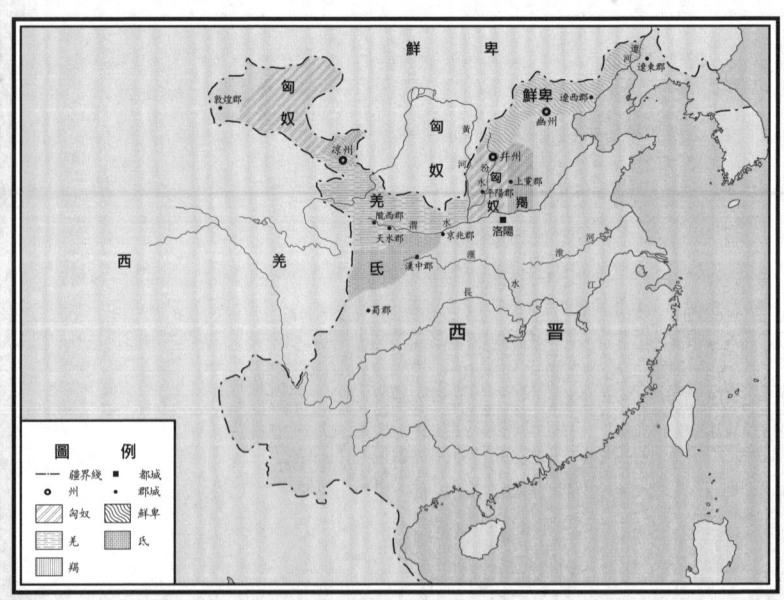

〈西晉 강역과 이민족 분포도〉

무제는 일련의 개혁조치를 단행하여 유민을 안정시키고 농업을 권장하였으며 요역과 세금을 경감시키고 혼인제도를 정비하는 등 그 정책은 불과 10여 년 사이에 호구조사에서 배 이상 통계로 잡힐 정도로 안정을 누렸다.

그러나 무제도 말년에 사치와 음란에 빠져 후궁이 수천 명으로 늘어났고 관직을 팔아 수입을 삼는 등 혼란을 가중시키는 행동을 서슴지 않았다. 게다가 종실을 과다하게 분봉分封하였다. 이는, 이를 통해 자신이 보호받고자 한 것이었지만 도리어 이로써 종실간의 참혹한 투쟁으로 번지게 하는 화근이 됨을 미처 깨닫지 못하였다.

2. 팔왕지란八王之亂

진 무제가 죽고 혜제惠帝가 즉위하자 전국은 즉시 혼전의 늪으로 빠져들고 말았다. 혜제는 원래 백치白痴였다. 그런데 이를 이용한 황후 가남풍賈南風, 賈后은 도리어 간교한 계략으로 자신이 정권을 잡고 휘두르기 시작하였다. 이것이 혼란의 발단이 된 것이다. 우선 가후는 초왕楚王 사마위司馬瑋를 사주하여 자신에게 방해가 되었던 양준楊駿을 살해하고(291년) 여남왕汝南王 사마량司馬亮을 보좌로 삼았다. 얼마 뒤 가후는 다시 사마위에게 사마량을 죽여 없애도록 한 후 다시 '천살'(擅殺, 마구 죽임)이라는 죄목을 씌워 사마위까지 죽여 없애고 말았다. 이에 조왕趙王 사마륜司馬倫이 이를 기화로 군사를 일으켜 가후를 죽여버리자(300년) 이 틈에 종실의 여러 제후 왕들이 군사를 일으켜 정권다툼에 나섰고, 이해에 얽히거나 황실의 서열을 계산한 나머지 제후 왕들이 모두 서로 죽이고 죽는 혼전이 시작되고 말았다. 즉 앞서의 초왕(사마위), 여남왕(사마량)과 조왕(사마륜)에 이어 제왕齊王 사마경司馬冏, 장사왕長沙王 사마예司馬乂, 성도왕成都王 사마영司馬穎, 하간왕河間王 사마옹司馬顒 등 여덟 왕이 이 내전에 침벌과 살육으로 점철된 참혹한 골육상잔의 결과를 낳고 말았다. 최후로 결국 동해왕東海王 사마월司馬越이

혜제惠帝를 독살하고(306년) 회제懷帝를 세워 대권을 장악하는 것으로 결말을 보게 된다. 이렇게 16년 간 계속된 내전을 '팔왕지란八王之亂'이라 한다. 이 내전으로 인해 진나라의 통치 기능은 마비되다시피 하였으며 사회경제는 지극한 파괴를 입게 되었다.

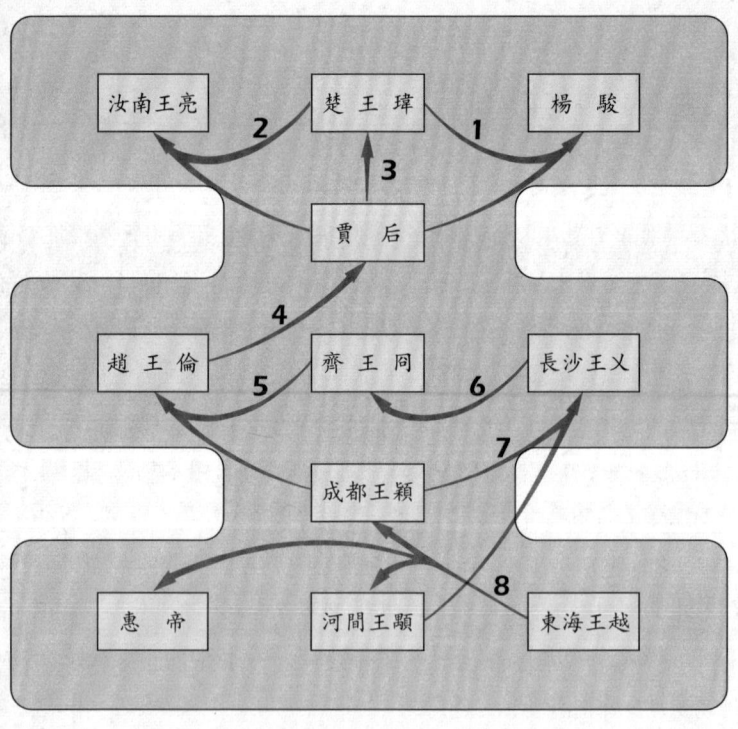

〈팔왕지란의 개념도〉

3. 영가지란永嘉之亂과 서진의 멸망

'팔왕지란'이 한창일 때 북방의 이민족들이 중국 내로 들어와 있었고 이들은 마침 진나라 내란에 고통을 당한 각지 유민들과 뜻이 맞아 진나라에 대항하기 시작하였다. 그 중 흉노匈奴의 귀족 유연劉淵이 황제를 칭하기에 이르렀다. 그 아들 유총劉聰이 뒤를 잇자 진나라 군사 10만을 섬멸하고 수도 낙양洛陽을 공격, 결국 회제懷帝를 포로로 하고 약탈과 방화를 자행하였다. 그리하여 왕족과 사민士民 3만을 죽이고 다시 장안長安을 공격하여 그곳에 피신하였던 민제愍帝를 포로로 잡아 돌아가 버렸다. 이리하여 서진西晉은 멸망하고 말았다. 이 사건을 당시 연호를 따서 '영가지란永嘉之亂'이라 한다.

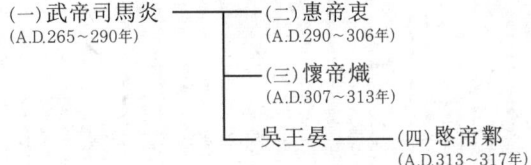

감숙 가욕관 부근에서 출토된 위진묘 벽화

〈射獵圖〉 嘉峪關

❋ 이상 《십팔사략》 제3권은 주로 《후한서後漢書》(范曄, 南朝 宋나라 때 완성, 총 90권)와 《삼국지三國志》(陳壽, 晉나라 때 완성, 총 65권), 그리고 《진서晉書》(房玄齡, 唐나라 때 완성, 총 130권)의 서진西晉 시기(孝愍帝 司馬鄴)까지의 역사적 사실을 본기本紀와 열전列傳, 세가世家 등을 축으로 하여 편년체編年體로 초략, 재구성한 것이다.

《十八史略》卷三

(十) 東漢
1. 世祖光武皇帝
2. 孝明皇帝
3. 孝章皇帝
4. 孝和皇帝
5. 孝殤皇帝
6. 孝安皇帝
7. 孝順皇帝
8. 孝沖皇帝
9. 孝質皇帝
10. 孝桓皇帝
11. 孝靈皇帝
12. 孝獻皇帝

(十一) 三國
1. 昭烈皇帝
2. 後皇帝

(十二) 西晉
1. 世祖武皇帝
2. 孝惠皇帝
3. 孝懷皇帝
4. 孝愍皇帝

차 례

◈ 세목細目

(十) 東漢

1. 世祖光武皇帝

288 세조광무황제世祖光武皇帝(光武帝) 917
　(1) 백수진인白水眞人
　(2) 두 사람의 유수劉秀
　(3) 갱시제更始帝 유현劉玄
　(4) 곤양昆陽 전투의 승리
　(5) 베개 자리에 눈물 흔적이
　(6) 녹았던 물이 다시 얼다
　(7) 보리밥 한끼
　(8) 마침내 등극하다

289 울음을 터뜨린 어린 황제 933

290 적미군赤眉軍이 장안長安으로 들어오다 934

291 먼저 탁무卓茂부터 방문하다 935

292 낙양洛陽을 도읍으로 정하다 936

293 철중쟁쟁鐵中錚錚 937

294 유영劉永의 항복 939

295 요동遼東의 돼지 940

296 뜻을 가진 자는 반드시 성공한다 ··········· 941

297 도외시度外視 ··········· 942

298 잊을 수 없는 콩죽과 보리밥 ··········· 943

299 일 년만 빌려주십시오 ··········· 944

300 공손술公孫述과 마원馬援 ··········· 945

 (1) 동쪽에 전념하십시오
 (2) 광무제를 고조 유방에 비교한다면
 (3) 그 놈은 내 눈에 뻔히 보인다

301 공손술公孫述과 촉蜀의 평정 ··········· 950

302 만 리 밖을 보는 눈 ··········· 952

303 대왕代王 노방盧芳 ··········· 953

304 흉노와의 화친 ··········· 954

305 남에게 빌려줄 수 없는 대권 ··········· 955

306 흉노가 남북으로 나뉘다 ··········· 956

307 맥인貊人, 선비鮮卑, 오환烏桓의 입조 ··········· 957

308 남선우南單于를 이주시키다 ··········· 958

309 북흉노와의 화친 ··········· 959

310 광무제의 치적과 당시의 인물들 960
　(1) 광무제가 죽다
　(2) 조카가 황제가 되다니
　(3) 옥문관玉門關을 폐쇄하다
　(4) 공신들에게 보살핌을 다한 광무제
　(5) 그대 아들을 낳으면 내 딸을 시집보내리라
　(6) 대장부라면 싸움터에서 죽어야지
　(7) 양송梁松의 불만
　(8) 범을 그리려다 개를 그린다
　(9) 마원의 죽음
　⑽ 율무를 구슬로 잘못 알다
　⑾ 뇌물을 받은 죄는 용서하지 않았다
　⑿ 조강지처糟糠之妻는 버릴 수 없습니다
　⒀ 호양공주湖陽公主
　⒁ 당시의 양리良吏들
　⒂ 강릉江陵의 화재
　⒃ 절의 높은 처사處士
　⒄ 황제에게 발을 걸치고 잠든 옛 친구 엄광嚴光
　⒅ 나는 즐거워 피곤함을 느끼지 못한다

2. 孝明皇帝

311 효명황제孝明皇帝(明帝) 978
312 구경꾼이 억만 명 981

313 동한 개국공신들의 초상 ·········· 982
314 선한 일 하는 것으로 즐거움을 삼지요 ············· 983
315 호랑이 굴에 들어가야 호랑이 새끼를 잡는다 ···· 984
316 북흉노와의 싸움 ·········· 986
317 침대 밑으로 숨어버린 약숭藥崧 ············· 988

3. 孝章皇帝

318 효장황제孝章皇帝(章帝) ············· 990
319 반초班超의 의견을 따르다 ············· 991
320 북흉노의 투항 ············· 992
321 장제章帝의 치적 ············· 993
    (1) 충신은 효자 가문에서 난다
    (2) 바지가 다섯 벌씩

4. 孝和皇帝

322 효화황제孝和皇帝(和帝) ············· 996
323 선비鮮卑의 세력이 강해지다 ············· 998
324 만리 밖의 날고기를 먹으리라 ············· 999
325 화제和帝가 죽다 ············· 1001

5. 孝殤皇帝

326 효상황제孝殤皇帝(殤帝) ·· 1002

6. 孝安皇帝

327 효안황제孝安皇帝(安帝) ·· 1003
  (1) 등후鄧后
  (2) 등즐鄧騭과 우후虞詡

328 태후가 죽고 등즐은 자살하다 ······················· 1008

329 황헌黃憲과 진번陳蕃 ·· 1009

330 사지四知 ·· 1012

331 안제安帝와 태자 ·· 1014
  (1) 안제安帝가 죽다
  (2) 제음왕濟陰王이 대를 잇다

7. 孝順皇帝

332 효순황제孝順皇帝(順帝) ·· 1016

333 하나를 듣고 열을 안다는데 ······························ 1017

334 양기梁冀 ·· 1018
  (1) 시랑豺狼이 길을 막고 있으니
  (2) 나는 하늘이 둘이다

335 순제順帝가 죽다 1021

8. 孝沖皇帝

336 효충황제孝沖皇帝(沖帝) 1022

9. 孝質皇帝

337 효질황제孝質皇帝(質帝) 1023

10. 孝桓皇帝

338 효환황제孝桓皇帝(桓帝) 1025

339 순숙荀淑과 진식陳寔 1026

　(1) 순씨팔룡荀氏八龍

　(2) 5백 리 안에 현인이 모두 모였다

　(3) 난형난제難兄難弟

340 최식崔寔의 정론政論 1029

341 주목朱穆이 자사가 되자 관리들이 도망가다 1031

342 양기梁冀를 처단하다 1032

343 당시의 멋진 인물들 ········· 1033

(1) 닭 한 마리로 조문
(2) 처사 강굉姜肱
(3) 서치徐穉
(4) 신선 같은 두 사람
(5) 묘용茆容
(6) 깨진 시루는 돌아보지 않는다
(7) 구향仇香

344 당시의 삼공三公들 ········· 1039

(1) 양병楊秉, 유총劉寵
(2) 등용문登龍門

345 부들 채찍 ········· 1042

346 환제桓帝 때의 사건들 ········· 1043

(1) 주복周福과 방식房植
(2) 휘파람만 부네
(3) 서로 추천하는 풍조
(4) 조정의 정치를 비방한 죄
(5) 환제桓帝의 죽음

11. 孝靈皇帝

347 효령황제孝靈皇帝(靈帝) ································· 1049

    ⑴ 진번陳蕃과 두무竇武의 죽음

    ⑵ 한나라는 망하리라

348 오경五經의 문자를 세우다 ································· 1053

349 시부詩賦에 능한 사람 ······································· 1054

350 구리냄새가 납니다 ··· 1055

351 황건적黃巾賊과 조조曹操의 등장 ······················ 1056

    ⑴ 장각張角의 태평도太平道

    ⑵ 난세의 간웅姦雄이 되리라

352 장각을 토벌하다 ·· 1059

353 영제靈帝의 죽음 ·· 1060

12. 孝獻皇帝

354 효헌황제孝獻皇帝(獻帝) ································· 1062

    ⑴ 동탁董卓에 의해 추대된 황제

    ⑵ 원술袁術, 손견孫堅, 유표劉表의 기병

355 여포呂布 ·· 1064

    ⑴ 적신賊臣을 친다.

    ⑵ 배꼽을 태우다

356 유비劉備의 등장 1066

357 손책孫策 1067

358 조조曹操 1068

359 호랑이와 매 1069

360 사치에 빠진 원술袁術 1071

361 내가 너만 못하다 1072

362 원소袁紹의 패배 1073

363 조조曹操와 유비劉備, 그리고 제갈량諸葛亮 1074

 (1) 천하의 영웅은 나밖에 없다
 (2) 허벅지에 살이 쪘소
 (3) 삼고초려三顧草廬
 (4) 방통龐統

364 적벽지전赤壁之戰 1079

 (1) 그대와 오나라에서 사냥을 하고자 하오
 (2) 적벽의 전투
 (3) 개돼지 만도 못한 자식들

365 유비劉備와 손권孫權 1084

 (1) 형주荊州를 유비에게
 (2) 괄목상대刮目相待

366 유비劉備, 방통龐統, 관우關羽 ·········· 1086
   (1) 겨우 백 리를 다스릴 자가 아닙니다
   (2) 관우關羽의 죽음

367 제위를 선양받다 ·········· 1089
   (1) 황제를 협박
   (2) 한나라의 종말

(十一) 三國 [漢]

附魏吳二僭國.

368 한漢나라의 정통 ·········· 1091

1. 昭烈皇帝

369 소열황제昭烈皇帝(昭烈帝 劉備) ·········· 1095

370 유비劉備가 제위에 오르다 ·········· 1096

371 재상 제갈공명 ·········· 1097

372 종묘를 세우다 ·········· 1098

373 황후와 황태자를 세우다 ·········· 1099

374 조비曹丕도 황제가 되다 ·········· 1100

375 저보다 나은 자가 수레에 가득합니다 1102
376 촉한蜀漢과 동오東吳의 싸움 1104
377 위나라와 오나라의 싸움 1105
378 유비가 죽다 1106

2. 後皇帝

379 후황제後皇帝(後主 劉禪) 1107
　(1) 대권을 가져도 좋소
　(2) 오나라와의 화해
380 어쩔 수 없구나 1110
381 칠종칠금七縱七擒 1111
382 남북의 한계를 긋는구나 1112
383 조비曹丕와 조예曹叡 1115
　(1) 조비가 죽다
　(2) 어미 없는 사슴
384 처사處士 관녕管寧 1117
385 출사표出師表 1118
386 한나라와 위나라는 양립할 수 없다 1120
387 오나라, 건업建業에 도읍하다 1123

388 죽은 제갈량이 산 중달仲達을 도망치게 하다 ···· 1124
  (1) 촉나라를 호랑이처럼 두렵게 여기시다니
  (2) 여자 옷이나 입어라
  (3) 제갈량의 죽음
  (4) 죽은 제갈량이 산 중달을 달아나게 하다
  (5) 팔진도八陣圖
  (6) 읍참마속泣斬馬謖
  (7) 제갈량에 대한 역사의 평가

389 위魏나라의 토목공사 ································· 1130

390 명제明帝 조예가 죽다 ································· 1131

391 제갈량이 죽은 후 ······································· 1132

392 사마씨司馬氏의 등장 ·································· 1133

393 사마사司馬師 ··· 1135

394 손권이 죽다 ··· 1136

395 위나라 공격 ··· 1137

396 위주魏主의 폐위 ··· 1138

397 사마소司馬昭 ··· 1139

398 꿀에 쥐똥이 ··· 1140

399 사마소司馬昭의 야심은 길가는 사람도 알고 있다 ··· 1142

400 제갈첨諸葛瞻 부자 ····································· 1143

401 촉한蜀漢의 멸망 ……………………………………………… 1145

402 손휴孫休가 죽다 ……………………………………………… 1146

403 진왕晉王 사마소司馬昭 ……………………………………… 1147

404 위나라의 멸망 ………………………………………………… 1148

405 기년紀年이 없는 한 해 ……………………………………… 1149

(十二) 西晉

1. 世祖武皇帝

406 세조무황제世祖武皇帝(武帝) …………………………………… 1151

　　⑴ 사마염司馬炎, 진나라를 세우다

　　⑵ 양호羊祜의 덕정

　　⑶ 오주吳主 손호孫皓

　　⑷ 외환이 없으면 안으로 일이 생기는 법

　　⑸ 죽림칠현竹林七賢

407 오吳나라와의 전투 …………………………………………… 1158

　　⑴ 두예杜預

　　⑵ 오나라의 멸망

　　⑶ 치두구雉頭裘를 태워 없애다

　　⑷ 이민족에 대한 방비

2. 孝惠皇帝

408 효혜황제孝惠皇帝(惠帝) ································· 1163
  (1) 이 자리가 아깝습니다
  (2) 가후賈后의 정권 농단
  (3) 왕융王戎의 찬핵鑽核
  (4) 삼어연三語掾
  (5) 왕연王衍와 악광樂廣
  (6) 술을 훔쳐먹다가 잠이 들어
  (7) 숭유론崇有論

409 진나라의 혼란과 팔왕八王의 난 ······················· 1169
  (1) 가후賈后를 폐하다
  (2) 석숭石崇의 애첩 녹주綠珠
  (3) 담비꼬리 대신 개꼬리
  (4) 팔왕지란八王之亂
  (5) 화정華亭의 학 울음소리
  (6) 성도왕 사마영司馬穎의 패배
  (7) 피 묻은 옷
  (8) 사마치司馬熾를 태제太弟로
  (9) 사마영司馬穎의 최후

410 우둔한 혜제惠帝 ································· 1176
  (1) 개구리는 누구를 위해 우는가
  (2) 너를 저 가시덤불 속에서나 보겠구나

411 유연劉淵과 유요劉曜 ·· 1178
    (1) 남흉노의 후예 유연
    (2) 한왕漢王을 칭하다
    (3) 유요劉曜의 등장

412 성도왕成都王을 자칭하다 ··· 1182

413 선비족鮮卑族 모용외慕容廆 ··· 1183

414 탁발씨拓跋氏의 흥기 ·· 1184

415 혜제惠帝 시대의 마감 ·· 1186

3. 孝懷皇帝

416 효회황제孝懷皇帝(懷帝) ··· 1187

417 성成나라 ·· 1188

418 유연劉淵이 칭제하다 ·· 1189

419 유연이 죽다 ··· 1190

420 이런 놈은 써먹을 데가 없다 ·· 1191

421 회제懷帝가 포로가 되다 ·· 1192

422 회제가 죽다 ··· 1193

4. 孝愍皇帝

423 효민황제孝愍皇帝(愍帝) ································· 1194

424 석륵石勒의 침입 ································· 1195

425 서진西晉의 멸망 ································· 1196

   (1) 푸른 옷을 입고 술을 따르라
   (2) 서진西晉의 종언

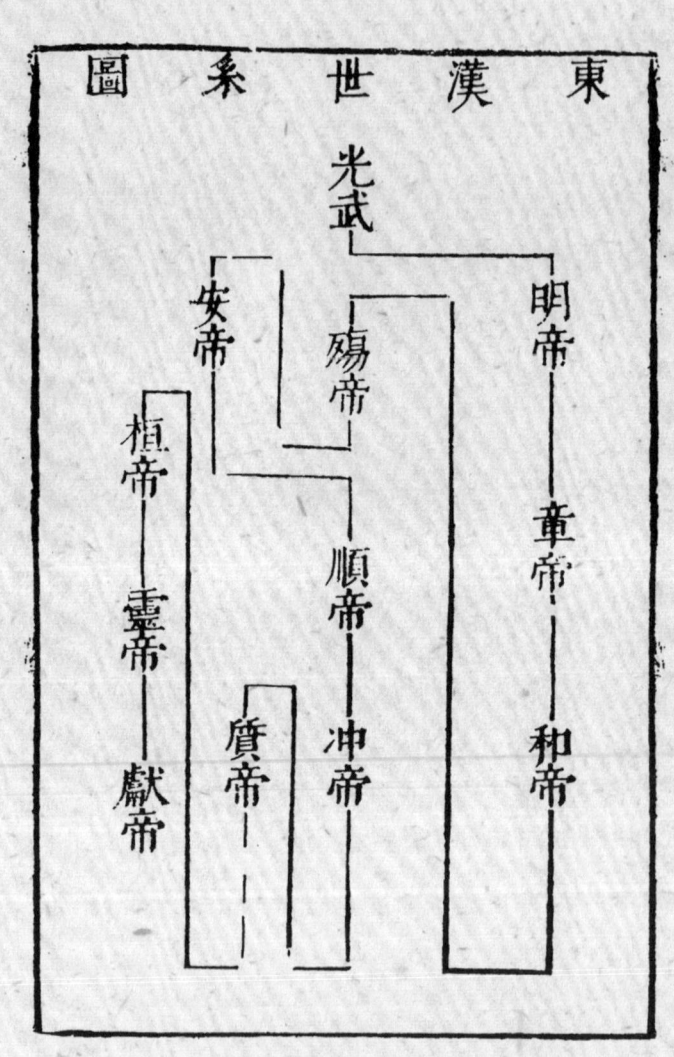

〈東漢世系圖〉《三才圖會》

(十) 東漢

1. 世祖光武皇帝

> ◉ 光武帝. 東漢의 첫 황제.
> 劉秀. A.D.25~57년 재위.

288 세조광무황제世祖光武皇帝

(1) 백수진인白水眞人

세조世祖 광무황제光武皇帝는 이름이 수수이며 자는 문숙文叔이다. 장사長沙 정왕定王 발發의 후손이다. 한漢 경제景帝가 발을 낳고, 발이 용릉절후舂陵節侯 매買를 낳았다. 2, 3세를 용릉후로 있었는데 봉지封地가 남양南陽 백수향白水鄕으로 옮겨져 그곳을 용릉舂陵이라 하고 일족이 그곳으로 가서 가문을 이루었다.

매買의 막내아들이 외外였으며 이 외가 회回를 낳았고, 회가 뒷날 남돈南頓 현령縣令 흠欽을 낳았다.

〈光武帝 劉秀〉 동한 개국 군주

그리고 흠이 남돈에서 수秀를 낳았던 것이다. 이 때 한 줄기에 아홉 이삭이 달린 길한 서징瑞徵의 벼가 생겨나 그 때문에 이름을 수秀라 한 것이다.

이에 앞서 기氣를 살펴보던 자가 용릉을 바라보며 이렇게 말하였다.
"기가 아름답도다! 울울총총하구나."

이전에 왕망王莽이 돈을 화천貨泉이라 고쳤는데, 당시 사람들은 그 글자를 파자하여 '백수진인白水眞人'이라 하였다. 유수劉秀가 과연 백수白水라는 곳에서 나오게 된 것이다.

世祖光武皇帝:

名秀, 字文叔. 長沙定王發之後也. 景帝生發, 發生舂陵節侯買. 侯再三世, 徙封以南陽白水鄕爲舂陵. 宗族往家焉. 買少子外, 外生回, 回生南頓令欽, 欽生秀於南頓. 有嘉禾一莖九穗之瑞, 故名.

先是有望氣者, 望舂陵曰:「氣佳哉! 鬱鬱葱葱然.」

貨曰貨泉, 人以其字爲白水眞人, 秀竟從白水起.

【南陽】河南에 속하며 지금의 襄陽.
【舂陵】故城은 道州 寧遠縣에 있다.
【南頓】汝南에 속하는 읍 이름.
【穗】곡식의 이삭.

(2) 두 사람의 유수劉秀

유수는 코가 높고 이마의 뼈가 해와 같이 각을 이룬 상이었다. 상서尙書를 배워 그 대의를 통달하였으며 일찍이 채소공蔡少公의 집 앞을 지나가다가 들렸더니 그는 도참圖讖을 공부하고 있었는데 이렇게 말하는 것이었다.
"유수는 마땅히 천자가 되리라."
그러자 어떤 자가 물었다.
"국사공國師公 유수劉秀 말씀입니까?"
유수는 희롱삼아 이렇게 말하였다.
"어떤 이유로 나僕는 아닐 것이라 알 수 있소?"

隆準日角, 受尙書通大義. 嘗過蔡少公, 少公學圖讖, 言:「劉秀當爲天子.」或曰:「國師公劉秀乎?」秀戲曰:「何由知非僕邪!」

【隆準日角】 관상학에서 코가 높고 이마에 뼈가 솟아오른 모습이라 함.
【劉秀】 당시 劉向의 아들 劉歆이 劉秀라 이름을 바꾸고 王莽을 섬겨 國師가 되어 있었음.
【僕】 士庶들이 자신을 낮추어 부르는 말.

(3) 갱시제更始帝 유현劉玄

신시新市와 평림平林의 군사가 일어나자 남양南陽 일대도 소동이 일기 시작하였다. 그러자 완宛 땅 사람 이통李通이 유수를 맞아 군사를 일으켰다. 유수의 형 유연劉縯은 자가 백승伯升으로, 강개하여 큰 절의가 있었다.

그는 늘 분통을 터뜨리며 한나라 사직社稷을 다시 복구해야 한다고 여겼다. 그리하여 평소 집안의 생업은 돌보지 않은 채 자신의 몸과 재산을 기울이며 천하의 영웅호걸들과 교유를 맺고 있었다. 그런데 이때에 이르러 친한 객客들을 나누어 파견하여 여러 현에서 군사를 징발하였으며, 연縯 자신도 용릉舂陵의 자제들을 불렀다. 그러자 모두 두려움을 느끼며 도망가고 숨어버리면서 이렇게 말하는 것이었다.

"백승伯升이 나를 죽이려 한다."

그런데 유수가 붉은 장군의 옷과 관을 갖추고 나타나자 놀라 이렇게 말하였다.

"근후한 유수도 역시 다시 이 일에 참가하는구나."

그제야 스스로 안심하였다. 이에 유연은 부서와 빈객을 배치하고 여러 장수를 불러 설득하였다. 이에 신시, 평림, 하강下江의 군사들이 모두 모여들어 그 군사가 너무 많아 통일을 이룰 수 없 지경이었다. 그리하여 유씨劉氏 성을 세우되 명망이 있는 자를 따르고자 하였는데 하강의 장수 왕상王常이 유연劉縯을 세우자고 하자 신시, 평림의 장수들은 유연의 위명威明을 꺼려하여 마침내 유갱시劉更始, 劉玄를 세우고 유연은 대사도大司徒로, 유수는 장군으로 삼았다.

及新市・平林兵起, 南陽騷動. 宛人李通, 迎秀起兵. 秀兄縯字伯升, 慷慨有大節, 常憤憤欲復社稷. 平居不事家人生業, 傾身破産, 交結天下雄俊. 至是分遣親客, 發諸縣兵, 縯自發舂陵子弟.

皆恐懼亡匿, 曰:「伯升殺我.」

及見秀絳衣大冠, 驚曰:「謹厚者亦復爲之.」

乃自安. 部署賓客, 招說諸帥. 新市平・林下・江兵, 皆來會, 兵多無所統一. 欲立劉氏從人望, 下江將王常, 欲立縯. 新市平林將帥, 憚其威明, 遂立更始, 以縯爲大司從, 秀爲將軍.

【宛】 땅 이름.
【殺我】 유연은 틀림없이 패할 것이니 그렇게 되면 자신이 죽게 됨을 말함.(言伯升必敗, 而使我見殺也. －원주)

(4) 곤양昆陽 전투의 승리

　장군 유수가 곤양昆陽, 정릉定陵, 언郾 등 각지로 나서자 모두가 그의 밑으로 들어왔다. 왕망은 왕읍王邑, 왕심王尋 등을 파견하여 크게 군대를 일으켜 산동山東을 평정토록 하였다. 그리하여 거인巨人 거무패巨無霸를 누위驫尉로 삼고 호랑이, 표범, 물소, 코끼리 등 맹수를 몰아 군사의 형세를 돕게 하면서 백여 만 명이라 하였다. 그들 군대 깃발은 천리에 나부끼며 끊임이 없었다.
　그러자 여러 장수들은 그들 병력의 우세함을 보고 모두 곤양昆陽으로 들어가 흩어지고자 하는 것이었다.
　유수劉秀는 언郾, 정릉定陵으로 가서 여러 병영의 군사를 모두 발동시켜 자신 스스로 보병과 기병 천여 명을 거느리고 선봉이 되었다. 그러자 왕읍과 왕심은 수천 명의 군사를 보내어 유수와 전투를 벌이도록 하였다. 유수는 이들을 달아나게 하면서 적의 머리 수십 급級을 베었다. 이에 장수들이 이렇게 말하였다.
　"유장군은 평소엔 적은 수의 적만 보고도 겁을 내더니, 지금 대적을 보고는 저토록 용감해졌으니 참으로 괴이한 일이다."
　왕읍과 왕심의 병사들이 퇴각하자 여러 부대가 함께 그 틈을 타서 연승하여 드디어 앞으로 나가게 되었는데, 한 사람이 백 명을 당해내지 못하는 자가 없었다.
　유수가 감히 죽기를 각오한 3천 명과 더불어 적의 중견中堅을 들이쳐 들어가자, 왕읍과 왕심의 진영은 혼란에 빠졌다. 한나라 군사는 예리한 틈을 이용하여 그대로 이들을 붕괴시켜버리고 드디어 곤양昆陽에서 왕심을 죽여버렸다. 그러자 성 안에서 수비하던 이들이 역시 일제히 북을 두드리며 달려나와, 안팎이 합세하여 함성이 천지를 진동시켰다.

왕망의 군사는 크게 궤멸하여 달아나는 군사가 서로 겹쳐 밟혀 엎어진 시체가 백여 리에 널렸다. 때마침 큰 폭풍우가 일어 기와가 날리고 빗물이 쏟아 붓듯이 넘쳐나자 호랑이나 표범도 모두 사지를 떨었다. 이에 치천滍川에 빠져 죽은 자가 1만 명을 헤아릴 정도였다.

관중關中에서는 이 소문을 듣고 겁에 질려 벌벌 떨었고 해내의 호걸이 호응하여 모두가 왕망의 목수牧守를 죽이고는 자칭 장군을 일컬으며, 한나라 연호를 쓰기에 이르렀다. 이리하여 열 달 동안에 천하가 두루 이런 형세를 이루게 되었다.

秀狗昆陽・定陵・郾, 皆下之. 莽遣王邑・王尋, 大發兵平山東. 以長人巨無霸爲壘尉, 驅虎豹犀象之屬, 以助兵勢, 號百餘萬, 旌旗千里不絶. 諸將見兵盛, 皆走入昆陽, 欲散去. 秀至郾・定陵, 悉發諸營兵, 自將步騎千餘, 爲前鋒. 尋邑遣兵數千合戰, 秀奔之, 斬首數十級.

諸將曰:「劉將軍, 平生見小敵怯. 今見大敵勇, 甚可怪也.」

尋邑兵郤, 諸部共乘之, 連勝遂前, 無不一當百. 秀與敢死者三千人, 衝其中堅, 尋邑陣亂, 漢兵乘銳崩, 遂殺尋昆陽. 城中守者亦鼓譟出, 中外合勢, 呼聲動天地.

莽兵大潰走者相踐, 伏尸百餘里. 會大雷風, 屋瓦皆飛, 雨下如注, 虎豹皆股戰, 溺死滍川者萬數. 關中聞之震恐, 海內豪傑響應, 皆殺莽牧守, 自稱將軍. 用漢年號, 旬月徧天下.

【定陵】潁川에 속하는 땅 이름.
【郾】郾城縣이며 許州에 속함.
【巨無霸】巨는 姓, 無霸는 이름.
【級】등급과 같음. 秦나라 시대의 법에 적을 참수하면 그 수만큼 작급을 하나씩 내려주어 참수를 級이라 함.(等也. 秦法: 斬首一賜爵級, 故因謂斬首爲級. —원주)
【中堅】가운데에 언제나 최정예부대를 배치하므로 이를 중견이라 함.(군대中軍 兵最精銳. 故曰中堅. —원주)
【股戰】전율을 느끼게 함을 뜻함.(足震慄也. —원주)
【淯】물 이름. 南陽에서 발원하여 바다로 흘러드는 물.

(5) 베개 자리에 눈물 흔적이

유연劉縯, 유수劉秀 형제의 위세와 이름이 날로 높아가자 갱시更始, 劉玄는 유연을 죽여버렸다. 유수는 감히 상복도 입지 않고 평시와 같이 먹고 마시고 담소하고 하였다. 다만 베개와 자리에 눈물 흔적이 있을 뿐이었다.

갱시更始는 참회하고 유수를 대장군大將軍에 임명하고

〈등우(仲華)〉《三才圖會》

무신후武信侯에 봉하였다. 그리고 얼마 후 다시 대사마大司馬로 삼아 하북河北을 공략토록 파견하였다. 유수는 진군해 가는 곳마다 왕망의 가혹한 법령을 없애버렸다.

남양南陽의 등우鄧禹라는 자가 있었는데 지팡이를 집고 유수를 뒤쫓아 마침내 업鄴에서 만날 수 있었다. 유수가 물었다.

"나는 후侯를 봉하고 직위를 내릴 전권을 가지고 있소. 그대가 멀리 나를 뒤쫓아 온 것은 관직을 얻고자 함이오?"

등우가 말하였다.

"그런 것은 원하는 것이 아닙니다. 다만 명공明公의 위엄과 덕이 사해四海에 더해져서 지고 그 척촌尺寸의 효험을 얻어 공명을 죽백竹帛에 남기고 싶을 따름입니다. 갱시更始는 평범한 사람으로 제왕의 대업은 그가 맡을 수 없습니다. 명공은 영웅을 맞이하고 끌어들이며 민심을 즐겁게 해 주는데 힘쓰느니만 못합니다. 그리하여 고조高祖의 사업을 세우시고 만민의 목숨을 구해 주셔야 합니다. 천하는 평정하기에 그렇게 쉬운 것은 아닙니다."

유수는 크게 즐거워하며 등우로 하여금 항상 자기의 막중幕中에 머물러 있도록 하면서 그와 더불어 계책을 논의하여 결정하였다.

縯兄弟威名日盛, 更始殺縯. 秀不敢服喪, 飮食言笑, 惟枕席有涕泣處. 更始憨拜秀大將軍, 封武信侯. 未幾以秀行大司馬事, 遣徇河北. 所過除莽苛政.

南陽鄧禹, 杖策追秀, 及於鄴.

秀曰:「我得專封拜, 生遠來, 寧欲仕乎?」

禹曰:「不願也. 但願明公威德加於四海, 禹得效其尺寸, 垂功名於竹帛耳. 更始常才, 帝王大業, 非所任. 明公莫如延攬英雄, 務悅民心. 立高祖之業, 救萬民之命, 天下不足定也.」

秀大悅, 令禹常宿止於中, 與定計議.

【南陽】南陽府. 하남에 속하며 앞서의 남양군과는 다른 곳임.(府屬河南, 非前南陽郡也. -원주)

【竹帛】기록을 뜻함. 그대 죽간이나 縑帛에 글씨를 써서 기록하여 이를 묶어 '竹帛'이라 함.(自古書契, 多編以竹簡, 或用縑帛爲之. 故曰竹帛. -원주)

(6) 녹았던 물이 다시 얼다

한단邯鄲의 점장이 왕랑王郞이 성제成帝의 아들 자여子輿라 사칭하면서 한단으로 들어가 황제를 칭하였다. 그가 유주幽州, 기주冀州를 돌아다니자 여러 주군州郡이 이에 향응하였다.

유수는 북쪽 계성薊城을 돌고 있었는데 상곡上谷 태수 경황耿況의 아들 경감耿弇이

〈경엄(耿弇)〉《三才圖會》

달려와 노노盧奴에 이르러 유수를 찾았다.

유수가 말하였다.

"이는 나를 북도北道의 주인으로 인정하는 자로다."

그러나 계성薊城 사람들은 도리어 왕랑에게 호응하고 있었다. 유수는 성을 빠져 나와 밤낮 없이 남쪽으로 달려 무루정蕪蔞亭이라는 곳에 이르자 풍이馮異라는 자가 그에게 콩죽을 대접하였다. 그러나 요양현饒陽縣에 이르러서는 먹을 것이 아무것도 없었으며 하곡양下曲陽에 이르자 왕랑의 군사가 뒤쫓아 왔다는 보고를 듣게 되었다. 다시 호타하滹沱河에 이르자 척후가 돌아와 아뢰었다.

"얼음이 다 녹아 흐르니 배가 없이는 건널 수 없습니다."

유수는 왕패王霸로 하여금 가서 살펴보게 하였다. 왕패는 모두 놀라 겁을 먹을 두려워하여 돌아와 거짓으로 아뢰었다.

"얼음이 단단해서 건널 수 있습니다."

드디어 물에 이르자 얼음이 서로 붙어 이에 건널 수 있었으며 이제 몇 기騎가 아직 다 건너지 않았을 때 얼음은 녹아버리는 것이었다.

邯鄲卜者王郎, 詐稱成帝子子輿, 入邯鄲稱帝. 徇下幽冀, 州郡響應. 秀北徇薊, 上谷大守耿況子弇, 馳至盧奴上謁.

秀曰:「是我北道主人也.」

薊城反應王郎. 秀趣出城, 晨夜南馳, 至蕪蔞亭, 馮異上豆粥. 至饒陽乏食, 至下曲陽, 聞王郎兵在後.

至滹沱河, 候吏還白:「河水流澌, 無船不可濟.」

秀使王霸視之, 霸恐驚衆, 還卽詭曰:「冰堅可渡.」

遂前至河, 冰亦合, 乃渡, 未畢數騎以冰解.

【幽】幽州. 北平에 속하며 지금의 大興府.
【冀】冀州. 九州의 하나로 河東에 속함.
【薊】薊州 北平에 속하며 漁陽郡.
【蕪蔞亭】深州에 있는 지명.
【饒陽】晉州에 속하는 縣.
【下曲陽】保定에 속하는 지명.
【滹沱】代郡의 鹵城에서 발원하여 동쪽으로 흘러 易水와 합한 다음 文安縣에 이르러 바다로 흘러드는 물. 光武帝가 건넌 곳은 지금의 祁州임.(河水出代郡鹵城, 東流與易水合, 至文安縣入海. 案: 光武渡處. 在今祁州. −원주)
【候吏】사신이나 손님의 길을 안내하는 관리. 驛丞과 같음.
【澌】얼음이 녹음을 뜻함.(冰解也. −원주)

(7) 보리밥 한끼

남궁南宮에 이르러 큰비를 만나 길가의 빈집에 들어가 비를 피하였다. 풍이馮異가 섶을 한 아름 안고 와서 등우鄧禹가 불을 지폈고 유수는 아궁이에 대고 옷을 말렸으며, 풍이가 다시 보리밥을 유수에게 올렸다. 하박성下博城 서쪽에 이르렀으나 황급한데다 길을 잃어 어디로 갈지를 모르게 되었다. 그때 흰옷을 입은 노인이 나타나 손가락으로 가리키며 이렇게 일러주었다.

"힘써 노력하라. 신도信都 태수任光가 장안성長安城을 지키고 있다. 여기서 80리 거리이다."

유수는 다시 달려 신도로 향하였다. 당시 그곳 군현郡縣들은 이미 모두 왕랑에게 항복하였는데 오직 신도 태수 임광任光과 화융군和戎 태수 비융邳彤만이 항복하기를 거부하고 있었다. 임광은 유수가 온다는 말을 듣고 크게 기뻐하며 나왔고 비융도 역시 와서 합세하였다. 그리하여 이웃 현의 정병을 얻어 왕랑을 토벌한다는 격문을 띄웠다. 군현들이 다시 유수에게 돌아와 향응하였으며, 유수는 이 병력을 인솔하여 광아廣阿를 뽑아내었다.

至南宮遇大風雨, 入道傍空舍. 馮異抱薪鄧禹爇火, 秀對竈燎衣. 異復進麥飯. 至下博城西, 惶惑不知所之. 有白衣老人, 指曰:「努力, 信都爲長安城守, 去此八十里.」秀卽馳赴之, 時郡縣皆已降王郎, 獨信都太守任光, 和戎太守邳彤不肯. 光出聞秀至大喜, 彤亦來會. 發旁縣得精兵, 移檄討王郎. 郡縣還復響應, 秀引兵拔廣阿.

【南宮】 冀州에 속하는 현 이름.
【爇】 '불을 지피다'의 뜻.(燒也. —원주)
【燎】 불을 쬐어 옷 등을 말림을 뜻함.
【下博】 信都에 속하는 읍 이름이며 信都는 군 이름으로 冀州를 가리킴.
【和戎】 王莽이 鉅鹿을 나누어 和戎郡을 두었음.
【廣阿】 鉅鹿.

(8) 마침내 등극하다

유수는 여지도輿地圖를 펴 등우鄧禹에게 보이며 이렇게 말하였다.

"천하의 군현이 이와 같은데 이제 비로소 그 하나를 얻었을 뿐이오. 그대는 전에 천하의 평정은 쉽게 말할 수 없다고 하였는데 어찌되겠소?"

"바야흐로 지금 해내는 뒤얽혀 혼란한 모습입니다. 사람들의 명군明君 나타나기를 바라는 마음은 마치 갓난아이가 인자한 어미를 그리워함과 같습니다. 옛날에 흥한 자는 덕의 후박厚薄에 있는 것이지 땅의 대소大小에 있는 것이 아닙니다."

〈동한 광무제(劉秀)〉《三才圖會》

경감耿弇이 상곡上谷, 어양漁陽의 군사로써 진군해 나가면서 군현을 평정하여 광아廣阿에서 유수와 합류하였다. 그리고 다시 나아가 한단邯鄲을 함락시키고 왕랑王郎을 참수하였다. 이 때 유수는 각지의 관리와 백성이 왕랑과 주고받은 문서 수천 통을 손에 넣었으나 여러 장수를 모아 놓고 이를 모두 태워 없애버리면서 이렇게 말하였다.

"왕랑과 통하여 잠 못 이루는 자들로 하여금 이로써 안심토록 하는 것이다."

유수가 이졸吏卒을 분리하여 소속시킬 때 모두가 이렇게 말하였다.
"대수장군大樹將軍의 소속이 되기를 원합니다."

대수장군은 풍이馮異를 가리키는 것이었는데, 풍이는 인품이 겸손하여 자신의 공을 자랑하지 않았다. 그는 다른 장수들이 서로 공을 내세워 다투고 있을 때면 언제나 큰 나무 뒤에 숨어 있어 그 때문에 이러한 호로 불린 것이다.

갱시更始는 사신을 파견하여 유수를 소왕蕭王으로 세워주면서 군대를 해산시킬 것을 명하였다. 그러자 유수에게 하북河北이 아직 평정되지 않았음을 구실로 사양하고 부름에 나가지 말 것을 일러주었다.

소왕蕭王 유수는 동마銅馬 등 여러 도둑 떼를 모두 깨뜨려 항복을 받았다. 그러나 여러 장수들이 항복한 자들을 믿지 못하였고, 항복해온 자들도 불안히 여기고 있었다. 소왕은 칙령을 내려 각기 자신들의 진영으로 돌려보내고 병력을 수습하게 한 다음 자신은 경기輕騎를 타고 여러 부대를 시찰하였다. 그러자 항복한 자들이 서로 이렇게 말하였다.

"소왕 유수는 남의 적심赤心을 미루어 남의 뱃속에 두어두신다. 어찌 목숨을 바치지 않을 수 있겠는가?"

이리하여 소왕은 이들을 모두 여러 장수의 부하로 분배해 주고 남쪽 하내河內를 공략하였다.

적미군赤眉軍이 서쪽 장안長安을 공격하자 소왕 유수는 장군 등우鄧禹 등을 파견하여 병력을 함곡관函谷關에 들어가 이를 구원토록 하였다.

등우는 왕에게 구순寇恂을 이렇게 추천하였다.

"구순은 문무를 갖추고

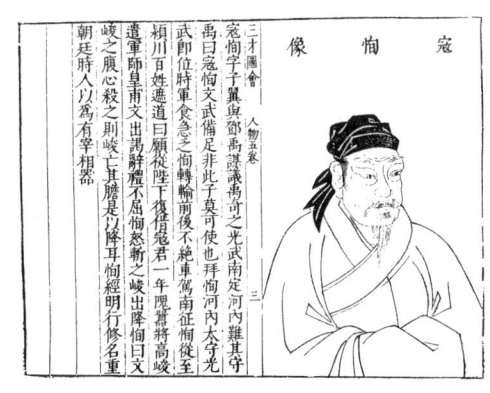

〈구순(子翼)〉《三才圖會》

있어 백성을 잘 다스리고 무리를 통솔하는 재능을 가지고 있습니다."
　이리하여 왕은 구순으로 하여금 하내河内를 지키게 하고 왕 자신은 군사를 거느리고 연燕, 조趙를 공략하고, 우래尤來, 대창大槍 등 여러 도둑을 쳐서 모두 깨뜨렸다.
　유수가 돌아와 중산中山에 이르자 여러 장수들이 그를 천자의 존호尊號를 올렸지만 허락하지 않았다. 다시 남평극南平棘에 이르렀을 때 고집스럽게 청하였지만 역시 허락하지 않았다. 그러자 경순耿純이 말하였다.
　"우리 사대부들이 친척을 버리고 고향 땅을 떠나 대왕을 좇아 시석矢石 속에 고생하는 것은 진실로 용린龍鱗을 잡고 올라가는 고기요, 봉익鳳翼에 달라붙는 새와 같이 되어 그 뜻한 바를 이루기를 바라기 때문입니다. 그런데 지금 대왕께서 때를 멈추어 두고 여러 사람의 뜻을 거역한다면 희망이 끊어지고 계획이 다하였다고 실망하여 고향으로 돌아갈 생각을 하지 않을까 염려됩니다. 이 무리가 한번 흩어지고 나면 다시 모으기는 어려울 것입니다."
　풍이馮異도 역시 이렇게 말하였다.
　"여러 사람의 의견에 따르는 것이 마땅할 줄 압니다."
　마침 유생儒生 강화强華가 관중關中에서 적복부赤伏符를 받들어 가지고 왔는데 그 글은 이런 것이었다.
　"유수가 군사를 일으켜 부도不道한 자들을 잡는다. 사이四夷가 운집하여 용야龍野에서 싸운다. 사칠四七의 때에 화화火가 주主가 되리라."
　여러 신하들은 다시 천자의 위에 오를 것을 요청하자 유수는 마침내 호남鄗南에서 황제의 위에 올라 연호를 건무建武로 고쳤다. (A.D. 25)

　披輿地圖, 指示鄧禹曰:「天下郡縣如是, 今始得其一. 子前言不足定, 何也?」
　禹曰:「方今海內殽亂, 人思明君, 猶赤子慕慈母. 古之興者, 在德厚薄, 不在大小也.」

耿弇以上谷・漁陽兵, 行定郡縣, 會秀於廣阿. 進拔邯鄲, 斬王郎.

得吏民與郎交書數千章, 秀會諸將燒之, 曰:「令反側子自安.」

秀部分吏卒, 皆言:「願屬大樹將軍.」

謂馮異也. 爲人謙退不伐. 諸將每論功, 異常獨屏樹下, 故有此號.

更始遣使, 立秀爲蕭王, 令罷兵, 耿弇說王, 辭以河北未平, 不就徵.

王擊銅馬諸賊, 悉破降之. 諸將未信降者, 降者亦不自安. 王敕各歸營勒兵, 自乘輕騎, 案行諸部.

降者相語曰:「蕭王推赤心, 置人腹中, 安得不效死乎?」

悉以分配諸將, 南徇河內. 赤眉西攻長安, 王遣長軍鄧禹等兵入關.

禹薦寇恂:「文武備具, 有牧民御衆之才.」

使守河內, 王自引兵, 徇燕趙, 擊尤來・大槍等諸賊, 盡破之.

王還至中山, 諸將上尊號, 不許. 至南平棘, 固請, 又不許.

耿純曰:「士大夫捐親戚棄土壤, 從大王於矢石之間, 固望攀龍鱗附鳳翼, 以成其所志耳. 今留時逆衆, 恐望絕計窮, 則有去歸之思. 大衆一散, 難可復合.」

馮異亦言:「宜從衆意.」

會儒生強華, 自關中奉赤伏符來. 曰:「劉秀發兵捕不道, 四夷雲集龍鬬野, 四七之際火爲主.」

羣臣因復請, 乃卽皇帝位于鄗南, 改元建武.

【伐】 공을 자랑함을 뜻함.(誇功曰伐. -원주)
【屛】 물림.(退也. -원주)
【銅馬】 當時 도적의 이름.
【河內】 河東에 속하는 군으로 지금의 懷孟府.
【尤來, 大槍】 역시 당시 도적 떼의 이름들.
【中山】 河北에 속하는 지명.
【南平棘】 越州에 속하는 현.
【强華】 인명.
【四七】《漢書》注에 四七 二十八로 高祖(유방)부터 光武帝가 일어난 해가 228년째라 하였음.(원주)
【火爲主】 漢나라는 火德(적색, 남방)으로 일어났으며 광무제가 이에 천자가 된다는 뜻.
【鄗南】 원주에는 '확남'으로 읽도록 되어 있으며 定州에 속함. 光武帝가 뒤에 '高邑'으로 지명을 바꾸었음.

289 울음을 터뜨린 어린 황제

적미군赤眉軍의 번숭樊崇 등이 종실 유분자劉盆子를 세워 황제를 삼았다. 유분자는 열다섯 살의 나이로 당시 군중에서 양을 치는 일을 맡고 있었다. 머리를 늘어뜨린 채 맨발이었으며 해진 옷은 붉은 땀에 젖어 있었다. 황제에 추대되어 많은 사람이 자신에게 절하는 것을 보자, 두려워 울음을 터뜨리려 하였다.

○ 赤眉樊崇等, 立宗室劉盆子爲帝. 年十五, 時在軍中主牧羊. 被髮從跣, 敝衣赭汗. 見衆拜, 恐畏欲啼.

【劉盆子】 朱虛侯의 후손으로 구체적인 世次는 알 수 없음.
【徒跣】 도보를 걸으며 맨발인 경우를 말함.
【汗】 '汙'자여야 함. 흙에 더럽혀져 있음을 뜻함.(원주)

290 적미군赤眉軍이 장안長安으로 들어오다

도적(적미)이 장안으로 쳐들어오자 경시更始는 달아났다. 황제光武帝는 조서를 내려 이를 회양왕淮陽王에 봉하였다.

○ 賊入長安, 更始走. 帝下詔封爲淮陽王.

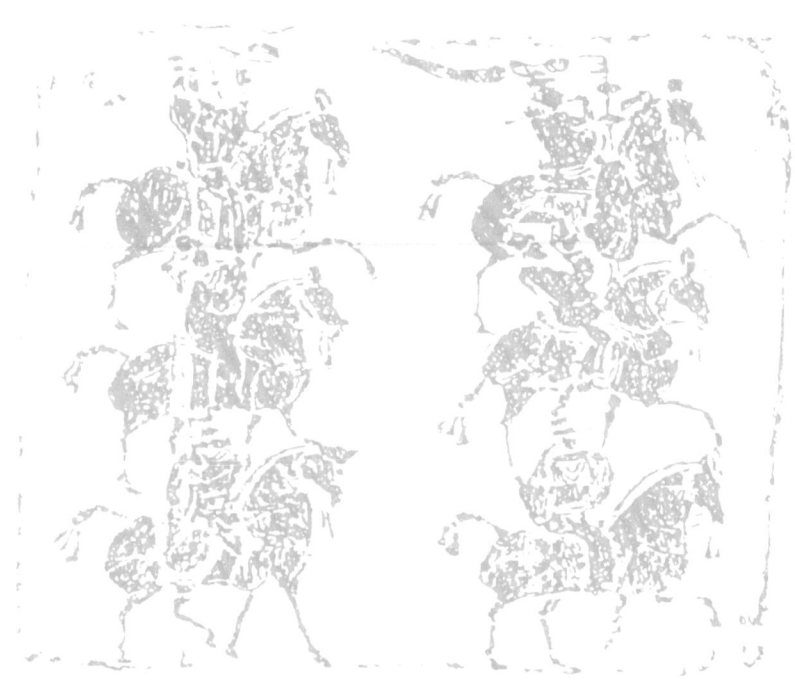

291 먼저 탁무卓茂부터 방문하다

완宛 사람 탁무卓茂는 일찍이 밀현密縣 현령이었다. 그의 교화가 크게 시행되어 길에 떨어진 물건도 줍지 않을 정도였다. 광무제는 즉위하자 먼저 탁무를 방문하여 그를 태부太傅로 삼고 포덕후褒德侯에 봉하였다.

○ 宛人卓茂, 嘗爲密令, 敎化大行道不拾遺. 上卽位, 先訪求茂, 以爲太傅, 封褒德侯.

【密】鈞州에 속하는 현 이름.

292 낙양洛陽을 도읍으로 정하다

낙양洛陽으로 거가車駕를 타고 들어가 드디어 그 곳을 도읍으로 삼았다.
(A.D.25)

○ 車駕入洛陽, 遂都之.

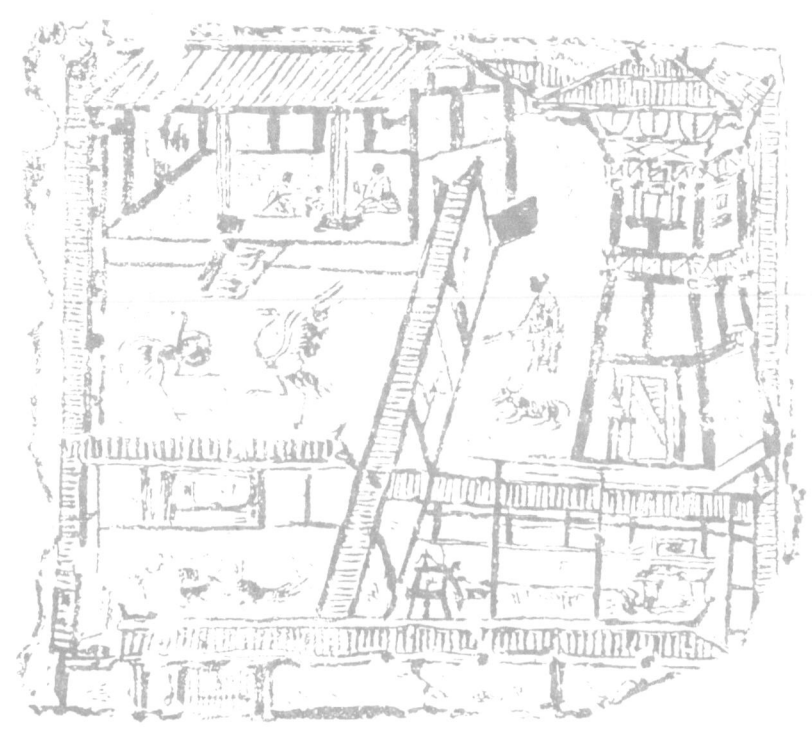

293 철중쟁쟁鐵中錚錚

　관중關中이 아직 평정되지 않아 등우鄧禹가 무리를 이끌고 서쪽으로 나가면서 군사가 백만이라 하였다. 등우는 가는 곳마다 수레를 멈추어 한나라 깃발을 늘어세우고 백성을 불러서 위로하였다. 머리를 땋아 늘인 아이들, 백발 늙은이들이 수레 아래에 모여들어 등우의 명성이 관서關西에 진동하였다.
　등우가 순읍栒邑에 잠시 머무는 채 오랫동안 진격하지 않자 적미는 크게 약탈을 하고는 장안에서 물러나왔다. 등우가 장안으로 들어가자 적미군도 다시 장안으로 들어왔다. 등우가 이를 맞아 싸웠으나 불리하여 퇴각하였다.
　광무제는 그를 경사낙양으로 돌아오도록 명하고 풍이馮異를 보내어 편의로 들이치도록 하였다. 등우는 전공이 없음을 부끄러이 여겨 풍이와 함께 적미를 공격하고자 하여 회계回溪에서 크게 싸웠으나 패하고 말았다. 이에 흩어진 군사를 수습하여 성을 굳게 지켰다. 이윽고 얼마 후, 적미를 효산崤山 기슭에서 크게 깨뜨렸다.
　광무제는 옥새로 풍이를 위로하며 이렇게 말하였다.
　"처음에 시翅날개를 비록 회계回溪에 내려뜨렸지만, 마침내 능히 익翼을 민지澠池에 떨쳤도다. 동쪽 귀퉁이에서 잃은 것을 상유桑楡에서 거두었다고 할 만하다."
　적미의 잔당殘黨이 동쪽 의양宜陽으로 향하자 광무제는 장군이 되어 이를 기다리고 있었다. 그런데 적미의 번숭이 유분자劉盆子와 승상 서선徐宣 등을 데리고 육단肉袒을 하며 투항해 왔다. 광무제는 군마軍馬를 늘어 세워 적미의 군신에게 보여주며 이렇게 물었다.
　"그대들은 항복한 것을 후회하지 않을 수 있소?"
　서선徐宣이 머리를 조아리며 말하였다.
　"호랑이 입을 피하여 자애로운 어머니의 품에 돌아온 것입니다. 진실로 즐겁고 기쁘기 끝이 없습니다."
　광무제가 말하였다.

"경은 이른바 철중쟁쟁鐵中錚錚이요 용중교교庸中佼佼한 자로다."
광무제는 그들에게 농토와 집을 하사하였다.

○ 關中未定, 鄧禹引衆而西, 號百萬. 所至停車駐節, 勞來百姓. 垂髫戴白滿車下, 名震關西. 至枸邑, 久不進兵, 赤眉大掠而出. 禹乃入長安, 赤眉復入, 禹戰不利走.
徵還京師, 遣馮異入關. 禹慚無功, 要異共攻赤眉, 大戰於回溪, 敗績. 收散卒堅壁, 已而大破赤眉於崤底.
璽書勞異曰:「始雖垂翅回溪, 終能奮翼澠池, 可謂失之東隅, 收之桑榆.」
赤眉餘衆, 東向宜陽, 上勒軍待之. 樊崇以劉盆子·丞相徐宣等, 肉袒降.
上陳軍馬, 令盆子君臣觀之, 謂曰:「得無悔降乎?」
宣叩頭曰:「去虎口歸慈母, 誠歡誠喜無限.」
上曰:「卿所謂鐵中錚錚, 庸中佼佼者也.」
各賜田宅.

【垂髫戴白】 어린아이 늙은이 등 모든 사람을 뜻함.(童稚父老. -원주)
【枸】 鎭原에 속하는 현 이름.
【要】 '邀'와 같음.
【回溪】 嵩州에 있는 냇물 이름.
【崤底】 欽岑山이라고도 하며 弘農 澠池에 있음.
【垂翅】 날개를 늘어뜨림. 즉 패배함을 뜻함.
【奮翼】 승세를 탐을 뜻함.
【桑榆】 원래는 모두 나무 이름. 해가 지는 서쪽을 가리킴.
【陳】 '陣'과 같음.

294 유영劉永의 항복

수양睢陽 사람이 유영劉永을 베어 항복을 받았다. 유영은 경시更始 때에 자칭 양왕梁王이라 하였다가 경시가 망하자 황제를 칭하였으며 이때에 이르러 패한 것이다.

○ 睢陽人斬劉永降. 劉永在更始時, 立爲梁王, 更始亡, 永稱帝至是敗.

295 요동遼東의 돼지

어양漁陽 태수 팽총彭寵의 노비가 팽총을 베고 투항해왔다.

처음, 광무제가 왕랑王郞을 토벌할 때 팽총은 뛰어난 기병을 내어 군량을 운반해주어 끊어짐이 없었다. 그는 자신의 그러한 공을 자부自負하여 심히 높은 자리를 주리라 기대했지만 능히 만족하지를 못하였다.

그러자 유주幽州 목牧 주부朱浮가 팽총에게 글을 보냈다.

"요동遼東의 어떤 돼지가 새끼를 낳았습니다. 그 새끼돼지의 머리가 희어서 장차 이를 천자께 바치려고 떠났지요. 그런데 가는 길에 한 무리의 돼지를 만났는데, 그 돼지들이 모두 머리가 희었다 하오. 그대의 공로도 조정에서 논의한다면 그 요동의 돼지에 불과하다오."

광무제가 팽총을 부르자 팽총은 스스로 의심하고 모반을 일으켰다가 이때에 이르러 패한 것이다.

○ 漁陽太守彭寵奴, 斬寵以降.

初上討王郞, 寵發突騎, 轉粮不絶, 自負其功, 意望甚高, 不能滿. 幽州牧朱浮, 與書曰:「遼東有豕也, 生子, 白頭. 將獻之, 道遇羣豕, 皆白. 以子之功, 論於朝廷, 遼東豕也.」

上徵寵, 寵自疑遂反, 至是敗.

【遼東豕】팽총 정도라 공이 없는 셈이며, 다른 사람에 비하면 뛰어나 도움도 되지 않았다는 뜻.

296 뜻을 가진 자는 반드시 성공한다

유영劉永이 세웠던 제왕齊王 장보張步가 투항해왔다. 임금이 전에 장보를 동래東萊 태수에 임명해 주었으나 얼마 후 유영의 명을 받아 제왕이 되었던 것이다. 장군 경엄耿弇은 여러 번 싸워 이를 크게 파하여 드디어 축아祝阿, 제남齊南, 임치臨菑를 함락하였다. 광무제는 수레로 임치에 이르러 군사를 위로하면서 경엄에게 이렇게 말하였다.

"장군은 전에 남양南陽에 있을 때 대책大策을 건의하였었소. 일찍이 낙락하여 뜻을 합하기가 어렵다고 여겼는데, 뜻을 가진 자는 반드시 성공하게 마련이구려."

이리하여 장보張步가 패하고 제齊 땅은 모두 평정되었다.

○ 劉永所立齊王張步降. 上初以步爲東萊太守, 已而受永命王齊. 將軍耿弇, 屢戰大破之, 拔祝阿‧齊南‧臨菑.

車駕至臨菑勞軍, 謂弇曰:「將軍前在南陽建大策. 嘗以爲落落難合, 有志者事竟成也.」

步敗, 齊地悉平.

【東萊】山東에 속하는 군으로 萊州.
【祝阿】邑 이름.
【齊南】齊南府. 山東에 속함.

297 도외시度外視

 장군 오한吳漢 등이 유영劉永이 세워주었던 해서왕海西王 동헌董憲과 반란의 장수 방맹龐萌 등을 참수하였다. 이로써 강회江淮와 산동山東이 모두 평정되었다. 당시 오직 외효隗囂와 공손술公孫述만이 아직 평정되지 않았다. 광무제는 여러 해 전장에서 고생하여 장수들에게 이렇게 말하였다.
 "장차 이 두 사람은 도외시해 버립시다."

 ○ 將軍吳漢等, 擊斬劉永所立海西王董憲, 及叛將龐萌等. 江淮·山東悉平. 時惟隗囂·公孫述未平.
 上積苦兵間, 謂諸將曰:「且當置此兩子於度外耳.」

298 잊을 수 없는 콩죽과 보리밥

풍이馮異가 장안長安으로부터 입조하자 광무제가 공경公卿들에게 이렇게 말하였다.
"이 풍장군은 내가 처음 군사를 일으켰을 때 주부主簿의 책임을 맡아 나를 위해 가시덤불을 헤치며 관중關中을 평정하였소."
그리고 조칙詔勅을 내려 풍이를 위로하면서 이렇게 말하였다.
"창졸倉卒 중에도 무루정蕪蔞亭에서는 콩죽을 마련하고 호타하滹沱河에서는 보리밥을 지어 주었지. 후의를 오랫동안 갚지 못하고 있었구려."

○ 馮異自長安入朝, 上謂公卿曰:「是我起兵時主簿也, 爲吾披荊棘定關中.」
詔勞異曰:「倉卒蕪蔞亭豆粥, 滹沱河麥飯, 厚意久不報.」

【主簿】문서를 관장하는 직책.

299 일 년만 빌려주십시오

건무建武 8년(A.D.32), 광무제는 친히 군사를 이끌고 외효隗囂를 쳤다. 그 때 영천潁川에 도둑이 일어나 황제는 되돌아와 집금오執金吾 구순寇恂에게 이렇게 말하였다.

"영천은 경사에서 가까운 곳이오. 오직 경만이 능히 이를 평정할 수 있을 것이오. 그러나 구경九卿의 자리에서 다시 출병할 수 있겠소?"

구순은 임금이 직접 정벌에 나서야 도적들이 모두 항복할 것이라고 권하였다. 그리하여 구순은 마침내 그 고을의 군수에 임명되지 않았다. 그러자 백성들은 길을 막고 이렇게 말하였다.

"원컨대 구순을 1년만 빌려 주십시오."

이리하여 구순을 그곳에 머물러 진무하도록 하였으며 대군은 싸우지 않고 돌아올 수 있었다.

○ 建武八年, 上自將征隗囂. 潁川盜起, 上還謂執金吾寇恂曰:「潁川迫近京師, 獨卿能平之耳. 從九卿復出可也?」

恂勸上親征, 賊悉降.

恂竟不拜郡, 百姓遮道曰:「願借寇君一年.」

乃留恂鎭撫, 大軍不戰而還.

300 공손술公孫述과 마원馬援

(1) 동쪽에 전념하십시오

건무 9년(A.D.33), 외효隗囂가 죽었다. 외효는 갱시更始 초년부터 군사를 일으켜 건무建武 초에 이르기까지 천수天水를 근거지로 자칭 서주西州의 상장군上將軍이라 하였다. 뒤에 일찍이 마원馬援을 성노成都에 파신하여 공손술公孫述의 인물됨을 알아보도록 하였다. 마원과 공손술

〈마원(文淵)〉《三才圖會》

은 일찍부터 친한 사이였으므로 마원은 의당 그가 자신의 손을 잡으며 옛날처럼 반겨주리라 여겼다. 당시 공손술은 황제를 자칭한 후 이미 4년째였다.

마원이 이르자 공손술은 궁궐의 계단에 많은 호위병을 진열해 놓고 마원을 맞았다. 마원이 자신의 수행원에게 이렇게 말하였다.

"천하에는 자웅이 아직 정해지지 않았는데, 공손술은 토포吐哺로 국사를 맞이하지 아니하고 도리어 쓸데없는 겉치레로 그 옷 가장자리만 수식하고 있어 마치 나무 인형木偶과 같다. 이렇게 하여 어찌 족히 천하의 명사를 오래 머물러 있게 할 수 있겠는가?"

그리고 사양하고 돌아와 외효에게 보고하였다.

"자양子陽, 공손술은 우물 안 개구리입니다. 망령되이 자신을 존대尊大하다 여기고 있습니다. 뜻을 동쪽洛陽에다 전념하시느니만 못합니다."

외효는 이에 마원으로 하여금 글을 받들고 낙양으로 가서 광무제에게 바치도록 하였다.

마원이 낙양에 처음으로 이르러 한참을 기다렸다가 안내를 받아 들어가게 되었다. 광무제는 궁전宣德殿 복도로부터 안책岸幘이라는 관을 쓰고 얼굴에 웃음을 띠며 맞이하였다.

"경은 두 임금 외효, 공손술 사이를 오가며 교유하셨지요. 지금 그대를 만나보니 사람으로 하여금 부끄러움을 느끼게 할 정도로 뛰어난 분이시군요."

마원은 머리를 조아리며 말하였다.

"지금 시대는 임금만이 신하를 선택할 수 있는 것이 아니라 신하 역시 임금을 선택할 수 있습니다. 저와 공손술은 같은 고향 사람으로 어릴 때부터 서로 친했던 사이입니다. 그런 사이인데도 제가 지난번 촉蜀에 갔더니 공손술은 층계에 창을 든 호위병을 세워놓고 저를 뒤로 합디다. 그런데 지금 제가 멀리서 왔는데도 폐하께서는 어찌 제가 자객이나 간악한 사람은 아니라고 여겨 이렇게 간단하고 쉽게 만나 주십니까?"

광무제는 웃으면서 말하였다.

"경은 자객이 아니라 생각건대 세객說客일 따름이오."

마원이 말하였다.

"천하가 반복하여 제왕帝王의 칭호를 도둑질하는 자가 이루 헤아릴 수 없습니다. 지금 폐하를 뵙긴대 통이 크고 도량이 크서서 고조高祖와 동부同符하오니 이에 신은 제왕이라는 것에는 그 스스로 가지고 있는 참 모습이 있다는 것을 알게 되었습니다."

○ 建武九年, 隗囂死. 囂自更始初年起兵, 至建武初, 據天水, 自稱西州上將軍. 後嘗遣馬援往成都, 觀公孫述. 援與述舊, 謂當據手歡如平生. 時述已稱帝四年矣.

援旣至, 盛陳陛衛以延援.

援謂其屬曰:「天下雌雄未定, 公孫不吐哺迎國士, 反修飾邊幅,如偶人形. 此何足久稽天下士乎?」

因辭歸, 謂囂曰:「子陽井底蛙耳. 而妄自尊大, 不如專意東方.」

囂乃使援奉書雒陽. 初到, 良久卽引入.

上自殿廡下, 岸幘迎笑曰:「卿遨遊二帝間, 今見卿, 使人大慚.」

援頓首曰:「當今非但君擇臣, 臣亦擇君. 臣與公孫述同縣, 少相善. 臣前至蜀, 述陛戟而後進臣. 臣今遠來, 陛下何知非刺客姦人, 而簡易若是.」

帝笑曰:「卿非刺客, 顧說客耳.」

援曰:「天下反覆, 盜名字者不可勝數. 今見陛下, 恢廓大度, 同符高祖, 乃知帝王自有眞也.」

【天水】 郡 이름. 지금의 秦州.
【子陽】 公孫述의 字.
【專意東方】 서쪽의 公孫述을 섬기지 말고 오직 동쪽의 光武帝에게 전념할 것을 주장한 것.
【雒】 '洛'과 같음.
【岸幘】 모자 이름. 평상시에는 이 모자를 쓰지 않음.

(2) 광무제를 고조 유방에 비교한다면

마원이 돌아오자 외효가 동방의 일을 물었다. 마원은 이렇게 말하였다.

"광무제는 재지才智가 총명하고, 용략勇略에 뛰어난 분으로 세상 사람이 대적할 수 없습니다. 게다가 마음을 열고 성의를 보여 숨기는 것이 없으며, 활달하고 대절大節이 많아 대략 고조高祖, 劉邦와 같습니다.

또 경학經學에 밝으며 널리 책을 읽어 정사政事에 정통하고 문변文辨도 있으니 전세의 그 어떤 분도 이에 비교할 만한 이가 없습니다."
외효가 말하였다.
"경은 광무제가 고조에 비해 어떻다고 여기시오?"
마원이 말하였다.
"그만은 못하지요. 고조는 옳다는 것도 없고, 옳지 않다는 것도 없었던 분입니다. 그러나 지금 광무제는 관리의 일을 좋아하고 그 행동은 법도와 같으며 또한 술도 즐겨하지 않습니다."
외효는 못마땅하게 생각하며 말하였다.
"경의 말대로라면 도리어 광무제가 낫다는 것이오?"

援歸, 囂問東方事, 援曰:「上才明勇略, 非人敵也. 且開心見誠, 無所隱伏, 闊達多大節, 略與高祖同, 經學博覽, 政事文辨, 前世無比.」
囂曰:「卿謂何如高帝?」
援曰:「不如也. 高帝無可無不可, 今上好吏事, 動如法度, 又不喜飲酒.」
囂不懌曰:「如卿言反復勝乎?」

(3) 그 놈은 내 눈에 뻔히 보인다

외효는 맏아들 순恂을 광무제에게 보내어 시랑侍郞이 되었다. 그러나 외효는 얼마 지나지 않아 모반하였다.
외효는 또 일찍이 반표班彪에게 전국시대 종횡설縱橫說에 대하여 질문

한 적이 있었다. 반표는 〈왕명론王命論〉이라는 글을 써서 외효를 풍자하였으나 외효는 그의 말을 듣지 않았다.

마원이 광무제의 행재소行在所로 가자 황제는 다시 그로 하여금 외효를 설득하도록 하고 여전히 스스로도 외효에게 글을 내렸다. 그러나 외효는 끝내 공손술公孫述의 신하가 되었고, 공손술은 외효를 삭녕왕朔寧王으로 세워주었다. 광무제는 외효의 정벌에 나섰다. 마원이 황제 앞에 나아가 쌀을 모아 산과 골짜기를 만들어서 지형과 형세를 지적하며 군대가 거쳐 갈 지름길을 열어 제시해 주었다.

임금이 말하였다.

"그 놈은 내 눈에 뻔히 보인다."

드디어 군대를 진격시키자 외효는 서성西城으로 달아났다가, 병과 굶주림, 그리고 노여움과 분함을 느끼다가 죽었다. 그의 아들 순恂이 항복하여 농우隴右는 모두가 평정되었다.

遣子入侍. 未幾反. 復嘗問班彪以戰國從橫之事, 彪作王命論諷之, 囂不聽. 馬援詣行在, 上復使游說, 仍自賜囂書. 囂竟臣於公孫述, 述立囂爲朔寧王. 上征囂. 馬援在上前, 聚米爲山谷, 指畫形勢, 開示軍所從徑道.

上曰:「虜在吾目中矣.」

遂進軍, 囂奔西城, 病餓恚憤而卒. 子純降, 隴右悉平.

【遣子】아들 隗恂을 보냄.
【入侍】인질로 보냄을 뜻함.
【西城】淸水에 있는 현 이름.

301 공손술公孫述과 촉蜀의 평정

12년(A.D.36), 공손술이 멸망하였다. 공손술은 무릉茂陵 사람으로 갱시更始 때부터 촉蜀 땅을 근거지로 칭제하며 국호를 성成이라 하였다. 광무제는 이미 농우를 평정하고 나서 이렇게 말하였다.

"사람이란 자족하지 못함이 괴로움이다. 이미 농우隴右를 얻고 나니 다시 촉 땅이 보이는구나."

그리하여 대사마大司馬 오한吳漢 등에게 병사를 거느리고 가도록 파견하여 정남대장군征南大將軍 잠팽岑彭의 촉 정벌과 합세하도록 하였다.

이 때 잠팽은 형문荊門에서 전선을 정비하고 있었는데, 오한이 이를 중지시키려 하자 잠팽은 거부하였다. 이에 황제가 잠팽에게 말하였다.

"대사마는 보병이나 기병을 쓰는 데는 익숙하지만 수전水戰에 대해서는 잘 알지 못한다. 형문의 일은 오직 한결같이 그대 정남공征南公 잠팽의 뜻을 중시할 따름이다."

이에 잠팽은 전선을 연이어 진격, 향하는 곳에 적이 없는 상태였다. 공손술은 도적을 시켜 잠팽을 죽이고 말았다. 그런데 오한이 뒤를 이어 진격하여 성도成都에 이르러 공손술을 격살擊殺하게 되었다. 이리하여 촉 땅도 모두 평정되었다.

○十二年, 公孫述亡. 述茂陵人, 自更始時, 據蜀稱帝, 國號成. 上旣平隴右, 曰:「人苦不自足, 旣得隴復望蜀.」

遣大司馬吳漢等將兵, 會征南大將軍岑彭伐蜀. 彭在荊門裝戰船, 漢欲罷之. 彭不可.

上報彭曰:「大司馬習用步騎, 不曉水戰. 荊門之事, 一惟征南公爲重而已.」

彭戰船並進, 所向無前. 述使盜刺殺彭. 吳漢繼進, 至成都擊殺述. 蜀地悉平.

【荊門】湖北에 있는 지명.

302 만리 밖을 보는 눈

양주涼州 목목牧 두융寶融이 하서河西의 무위武威, 장액張掖, 주천酒泉, 돈황敦煌, 금성金城 다섯 군의 태수를 거느리고 입조하였다. 두융은 건무建武 초년부터 하서 지방을 근거지로 하였다가 뒤에 낙양洛陽에 사신을 보내어 글을 올렸다.

광무제는 그를 목牧으로 삼고 옥새를 찍은 글을 하사하였다.

"논자論者들은 틀림없이 임효任囂가 위타尉佗에게 남해 칠군七郡을 차지하라던 옛 일처럼 하라고 했을 것이오."

이 글이 닿자 하서河西 지역이 모두 놀라 전차의 명찰明察은 만리 밖을 내다본다라고 여겼다.

광무제가 외효를 토벌하자 두융은 그 다섯 군의 군사를 인솔하여 한나라의 대군과 합세하였다. 그리고 촉蜀이 평정되자 황제의 조칙을 받들고 귀의하여 입조, 기주목冀州牧에 임명되었다.

○ 涼州牧寶融, 率河西武威・張掖・酒泉・燉煌・金城, 五郡太守入朝. 融自建武初據河西, 後遣使奉書.

上以爲牧, 賜璽書曰:「議者必有任囂敎尉佗, 制七郡之計.」

書至, 河西皆驚, 以爲天子明見萬里之外.

上征隗囂, 融率五郡兵, 與大軍會. 蜀平, 奉詔歸朝, 拜冀州牧.

【涼州】甘肅에 속하며 지금의 武威郡.
【張掖】지금의 甘肅 甘州.

303 대왕代王 노방盧芳

18년(A.D.42), 대왕代王 노방盧芳이 흉노匈奴에서 죽었다. 노방은 안정安定 사람으로 무제武帝의 증손 유문백劉文伯을 사칭하며 건무建武 초부터 안정을 점거하고 있었다. 흉노는 이를 맞아 한제漢帝를 삼고 자주 변방의 군을 노략질하여 근심거리가 되었다. 뒤에 투항하여 광무제에 의해 대代 땅의 왕에 봉해졌다가 다시 반란하여 흉노로 달아났다가 병으로 죽었다.

○ 十八年, 代王盧芳死於匈奴. 芳安定人, 詐稱武帝曾孫劉文伯, 自建武初, 據安定, 匈奴迎之, 立爲漢帝, 數爲邊郡寇患, 後來降, 王于代, 復反奔匈奴, 以病死.

【代王】代는 幽州(지금의 하북성, 내몽골자치구)에 속하던 땅. 당시 그곳을 다스리던 盧芳은 자는 君期. 漢室이 끊어지자 흉노와 결탁하였음.
【安定】延安에 속하는 현 이름.

304 흉노와의 화친

22년(A.D.42), 흉노가 화친을 청해 오자 광무제는 사신李茂을 보내어 허락하였다.

호한야선우呼韓邪單于가 성제成帝 때 죽은 뒤로 그 후 그들은 대대로 한나라에게 신하를 일컬었다. 평제平帝 때 왕망王莽이 흉노에 대해 한나라의 조례條例를 반포하여 중국에는 두 자로 된 이름이 없다고 하면서 선우單于의 이름도 한 글자로 고치도록 풍자하였다.

왕망王莽이 한나라를 찬탈하고 한나라가 흉노에게 내렸던 옥새를 바꾸어 장新匈奴單于章이라 하자 선우는 이에 불만을 품고 원망하면서 자주 변경을 침범하였다. 건무建武 이래로 흉노는 노방盧芳을 도와 한나라를 침략해 왔고, 뒤에는 다시 오환烏桓, 선비鮮卑와 연병連兵하여 침입해 왔는데, 이에 이르러 비로소 화친을 청해 왔던 것이다.

○ 二十二年, 匈奴求和親, 上遣使許之. 自呼韓邪單于, 死于成帝時, 其後累世皆仕漢. 平帝時, 王莽頒條於匈奴, 謂中國無二名, 諷單于改名. 莽簒漢, 易漢所賜單于璽曰章, 單于怨恨數寇邊, 建武以來, 匈奴助盧芳寇漢, 後又數與烏桓鮮卑, 連兵入寇, 至是始請和.

【二名】두 글자의 이름. 중국의 나라 이름은 거의 한 글자로 표기하여 왔음을 뜻함.
【烏桓, 鮮卑】모두 동북쪽에 있던 종족이름이며 나라 이름.

305 남에게 빌려줄 수 없는 대권

서역에서 도호都護를 두어 자신들을 통솔해 줄 것을 청해 왔으나 허락하지 않자 드디어 그들은 흉노에 붙어버렸다. 이에 앞서 서역의 사차왕莎車王 현賢과 선선왕鄯善王 안安이 모두 사신을 보내어 공물을 바쳤다. 이렇게 현賢의 사신은 두 번이나 찾아오자 광무제는 현에게 도호의 인수印綬를 내렸다. 그러자 변방 군수들이 상소하였다.
"대권大權을 남에게 빌려주어서는 안됩니다."
이에 조서를 내려 도호의 인수를 환수하고 다시 대장군大將軍의 인印을 내렸다. 그런데 현이 이를 원망하며 오히려 대도호大都護를 사칭하자 서역 여러 나라들이 모두 현에게 복속해 버리는 것이었다.
현은 교만하고 제멋대로 하여 서역 전체를 겸병하고자 하였다. 그러자 그곳 여러 나라들이 두려움을 느낀 나머지 그 중 18나라가 그 아들을 한나라에 보내서 인질로 하고 꼭 한나라 도호都護를 보내줄 것을 원하였다. 황제는 후한 예물을 내리고 그 시자侍子를 돌려보냈다. 이때에 이르러 다시 도호의 설치를 청하였지만 황제는 다시 이를 거절한 것이다.

○ 西域請都護, 不許, 遂附於匈奴. 先是莎車王賢, 鄯善王安, 皆遣使奉獻. 賢使再至, 上賜賢都護印綬.

邊郡守上言:「不可假以大權.」

詔收還, 更賜大將軍印.

賢恨, 猶詐稱大都護, 諸國悉服屬賢. 賢驕橫, 欲兼幷西域, 諸國懼, 凡十八國, 遣子入侍, 願得漢都護. 上厚賜遣還其侍子.

至是復請, 上復卻之.

【莎車, 鄯善】西域에 있는 나라 이름.

306 흉노가 남북으로 나뉘다

24년(A.D.48), 흉노의 남부 팔부八部가 일축왕日逐王 비比를 세워 남선우 南單于가 되어, 한나라 관문을 두드리며 귀의할 것을 청해 왔다. 이에 흉노가 남북으로 분리되었다.

○ 二十四年, 匈奴南邊八部, 立日逐王比, 爲南單于, 款漢塞內附. 於是分爲南北匈奴.

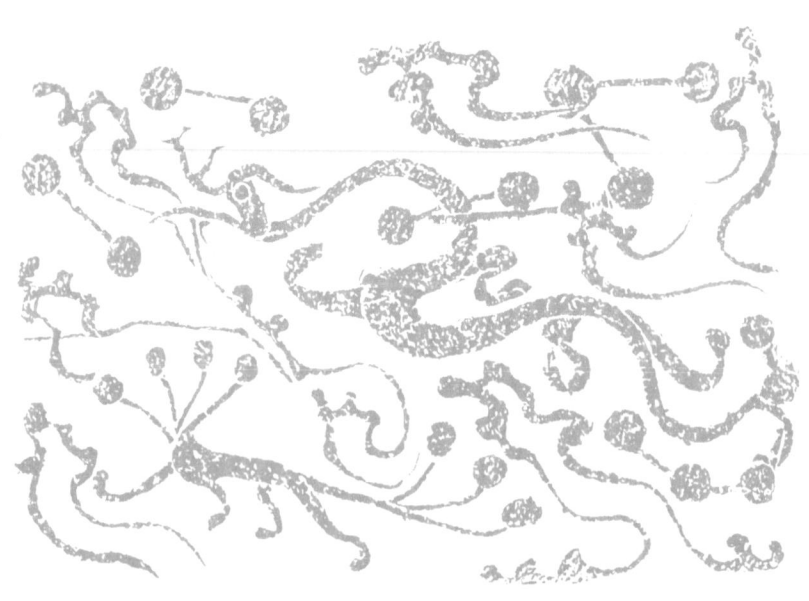

307 맥인貊人, 선비鮮卑, 오환烏桓의 입조

25년(A.D.49), 맥인貊人, 선비鮮卑, 오환烏桓이 모두 입조하였다.

○ 二十五年, 貊人·鮮卑·烏桓並入朝.

【貊】 고대 貊國. 東夷의 나라 이름.

308 남선우南單于를 이주시키다

26년(A.D.50), 남선우南單于의 정庭이 왕으로 올랐다. 한나라는 사신 흉노중랑장匈奴中郎將을 두어 이를 다스리게 하였다. 그리고 남선우를 서하西河 미직美稷으로 옮겨 살도록 하였다.

○ 二十六年, 立南單于庭, 置使匈奴中郎將以領之. 徙南單于居西河美稷.

【西河】山西에 속하는 군 이름이며 汾州. 美稷은 하서에 속하는 城 이름.

309 북흉노와의 화친

27년(A.D.51), 북흉노 역시 사신을 보내어 화친을 청하였으며 이듬해 다시 청하자 이를 허락하였다.

○ 二十七年, 北匈奴亦遣使求和親, 明年又請, 許之.

310 광무제의 치적과 당시의 인물들

(1) 광무제가 죽다

중원中元 2년(A.D.57) 광무제光武帝가 죽었다. 기병할 때 그는 28살이었으며 즉위 때는 31살이었다. 제오륜第五倫은 조서를 읽을 때마다 감탄하여 이렇게 말하였다.

"이는 성주聖主이시다. 한 번만 뵈어도 그 자리에서 결정을 하신다."

황제는 손수 조서를 써서 사방의 여러 나라에 내렸다. 그것은 하나의 내쪽竹簡에 열 줄이나 잘게 쓴 훌륭한 문장이었다. 정체政體를 분명하고 신중하게 하였으며, 권력과 강령綱領을 총괄하여 처리하였다. 시대의 대세大勢를 잘 통찰洞察하고 국력을 고려하여 일을 처리함으로써 하는 일마다 지나침이 없었다.

○ 中元二年, 上崩.

上起兵時, 年二十八, 卽位年三十一, 第五倫每讀詔書嘆曰:「此聖主也, 一見決矣.」

手書賜方國, 一札十行, 細書成文. 明愼政體, 總攬權綱. 量時度力, 擧無過事.

【第五倫】신하 이름. 第五는 성씨임.
【方國】四方 王侯의 나라.

(2) 조카가 황제가 되다니

일찍이 고향 남양南陽에 가서 술을 마련하여 종실을 불렀을 때 황제의 여러 백모 숙모 등이 서로 이렇게 말하였다.
"문숙文叔은 평상시 남과 사귀면서 관곡款曲하지는 못하지만 오직 정직하고 부드러울 뿐이었다. 그런데 능히 이렇게 천자가 되다니."
황제는 이 말을 듣고 웃으며 말하였다.
"저는 천하를 다스리는 데도 역시 그 부드러움의 도로써 실천하겠습니다."
광무제는 여러 해 동안 싸움터에서 고생하여 군사의 일이라면 싫증을 내었다. 그리하여 촉蜀이 평정된 뒤에는 경급警急한 일이 아닌 한 일찍이 군려軍旅에 대해서는 언급하지 않았다.

嘗幸南陽, 置酒會宗室, 諸母相與語曰:「文叔平日與人不款曲, 惟直柔耳, 乃能如此.」
上聞之笑曰:「吾理天下, 亦欲以柔道行之.」
上在兵閒久厭武事. 蜀平後, 非警急未嘗言軍旅.

【幸】임금의 행차.
【諸母】백모, 숙모 등을 말함.
【款曲】관대하고 곡진함.
 ● 원주에는 다음과 같이 기록하였다.
胡씨는 이렇게 말하였다. "君道는 하늘이니 지나치게 剛해서는 안 된다. 그러므로 威武를 빛내서도 안 되며 刑誅가 너무 심해도 안 된다. 降抑을 조절하여 남의 말을 받아들이고, 溫恭으로써 아래를 상대하여야 한다. 그리하여 그 剛을 다스리는 것이다. 그러나 臣道는 땅이므로 지나치게 柔해서는 안 된다. 그러므로 이익을 위해 돌아서거나 의를 위해서는 뜻을 옮기지 않아 임금이 옳지 않으면 반드시 다투어야 하며 도가 합당하지 않으면 떠나야 한다. 그리하여 그 부드러움을 다스리는 것이다. 이것이 소위 天道는 아래로 다스리고 地道는 위로 통하여 上下가 교대로 그 뜻을 소통시켜 君臣의 다스림이 바르게 된다는 것이다. 바로 光武帝를 두고 한 말이다."(胡曰: 「君道則天, 而不可過於剛. 故不耀威武, 不峻刑誅. 降抑以受言, 溫恭以接下, 所以濟其剛也; 臣道則地, 而不可過於柔. 故不爲利回, 不爲義徙. 君不義則必爭, 道不合則必去, 所以濟其柔也. 此所謂天道下濟, 地道上行, 上下交而其志通. 君臣之理正, 光武謂也..」)

(3) 옥문관玉門關을 폐쇄하다

북흉노北匈奴가 쇠락하여 곤액에 빠지자 장궁臧宮, 마무馬武 등이 상서하였다.
"이들을 쳐 없앨 것을 청합니다."
그리고는 칼을 울리고 손바닥을 치며 이오伊吾의 북쪽으로 달릴 뜻을 품고 있었다. 광무제는 이 글에 황석공黃石公의 〈포상기包桑記〉를 인용하여 회답하였다.
"부드러움이 딱딱함을 이기고, 약함이 능히 강함을 이긴다."
이로부터 여러 장수들은 감히 군사에 대한 일을 언급하지 못하였다. 광무제는 옥문관玉門關을 폐쇄하여 서역과의 교통을 막았다.

北匈奴衰困, 臧宮·馬武, 上書:「請攻滅之.」
鳴劍抵掌, 馳志於伊吾之北矣.
上報書, 告以黃石公包桑記, 曰:「柔能勝剛, 弱能勝强.」
自是諸將莫敢言兵. 閉玉門關, 謝絶西域.

【伊吾】 城이름으로 瓜州의 晉昌縣 북쪽에 있다.
【包桑記】 包는 苞와 같음. 나무가 총생하면 그 근본이 굳다. 그러므로 책 이름을 삼은 것이다.(木叢生, 則其本固. 故以名篇. -원주)
【玉門關】 陽關이라고도 하며, 沙州府의 壽昌縣 西北쪽에 있다.

⑷ 공신들에게 보살핌을 다한 광무제

공신들의 안전을 보장하여 다시는 군사의 일을 맡기지 않고 대신 모두 열후列侯에 봉하여 각기 저택에서 편히 살게 하였다. 관리의 일은 삼공三公이 책임지도록 하며 역시 공신들이 정사를 맡지 않도록 하였다. 여러 장수들은 이로써 모두가 자신의 공과 명예를 죽을 때까지 지켜낼 수 있었던 것이다.

채준蔡遵이 남보다 먼저 죽자 황제는 이를 그리워하기를 그치지 못하였다. 그리고 내흡來歙과 잠팽岑彭이 전투에서 죽자 이들을 심히 깊이 애도하였다. 오한吳漢과 가복賈復도 황제가 살아 있을 때 죽었다. 특히 오한은 싸움터에서 혹 자신이 불리해졌는데도 그 의기가 자약하였다.

황제는 감탄하였다.

"오공吳公은 남에게 강한 뜻을 전해 주어, 그 속에 나라 하나쯤 대적할 힘을 숨겨놓고 있는 것 같다."

그는 매번 출전할 때마다 아침에 조서를 받으면 저녁에 출동出動할 정도였다.

오한이 임종할 때 광무제가 그의 집에 임하여 하고 싶은 말을 물었다. 그러자 오한은 이렇게 말하였다.

"신의 어리석은 소원은 폐하께서 좀 더 신중히 하여 사면령을 마구 내리는 일이 없었으면 합니다."

保全功臣, 不復任以兵事, 皆以列侯就第. 以吏事責三公, 亦不
以功臣任吏事. 諸將皆以功名自終.
　察遵先死, 上念之不已, 來歙·岑彭死鋒鏑, 衃之甚厚. 吳漢·
賈復終於帝世, 漢在軍, 或戰不利, 意氣自若.
　上歎曰:「吳公差強人意, 隱若一敵國矣.」
　每出師, 朝受詔夕就道. 及卒, 上臨問所欲言.
　漢曰:「臣愚願陛下愼無赦而已.」

【鏑】 화살촉.
【衃】 '恤'과 같음.

(5) 그대 아들을 낳으면 내 딸을 시집보내리라

　한편 가복賈復은 황제가 기병할 때부터 통독統督의 직책을 맡고 있었다.
황제가 말하였다.
　"가독賈督은 천리 밖의 적을 절충折衝하는 위엄이 있다."
　그가 일찍이 전투에서 상처를 입자 임금이 놀라 말하였다.
　"내 일찍이 적을 가볍게 여기지 말도록 경계하였는데 과연 이런
일이 일어나고 말았구나. 나는 명장을 잃고 말았다. 듣자하니 그 아내가
아이를 가졌다던데 만약 아들을 낳으면 내 딸을 시집보낼 것이요,
딸을 낳으면 내 아들을 장가들이겠다."
　그 신하들을 위무하기가 매번 이와 같았던 것이다.

復自起兵時爲督, 上曰:「賈督有折衝千里之威.」
嘗戰被傷, 上驚曰:「吾嘗戒其輕敵, 果然. 失吾名將. 聞其婦有孕, 生子邪, 我女嫁之; 生女邪, 我子娶之.」
其撫羣臣每如此.

【督】軍旅를 감독하는 일을 주관함.
【折衝】적을 중간에서 꺾어버림.

(0) 대장부라면 싸움터에서 죽어야지

오직 마원馬援이 죽는 날에 광무제의 은혜는 자못 끝까지 다해주지 못하였다. 마원은 일찍이 이렇게 말하였다.
"대장부라면 의당 싸움터에서 죽어 그 시체는 말가죽에 싸여 고향으로 돌아가야지 어찌 아녀자의 손에 간호를 받으며 죽어갈 것이냐?"
교지交趾가 반란을 일으키자 마원은 복파장군伏波將軍이 되어 이것을 평정하였다. 그러다 다시 무릉武陵의 만민蠻民이 반란을 일으키자 마원은 나서기를 청하였다. 황제가 이미 늙었음을 불쌍히 여기자 마원은 갑옷과 투구를 갖추고 말에 올라 안장에 걸터앉아 돌아보며 아직도 쓰일 수 있음을 보였다.
황제는 웃으면서 말하였다.
"확삭矍鑠하도다! 이 늙은이여."
그리고 파견하였다.

惟馬援死之日, 恩意頗不終焉.

援嘗曰:「大丈夫當以馬革裹屍, 安能死兒女手?」
交趾反, 援以伏波將軍討平之.
武陵蠻反, 援又請行, 帝愍其老, 援被甲上馬, 據鞍顧盼, 以示可用, 上笑曰:「矍鑠哉! 是翁.」
乃遣之.

【伏波將軍】馬援의 작위 이름.
【武陵】湖廣에 속하는 군 이름. 지금의 常德州.
【矍鑠】늙어서도 건장한 모습. 첩운연면어임.

(7) 양송梁松의 불만

이에 앞서 황제의 사위 양송梁松이 어느 날 마원을 방문하여 침상 아래에서 절하였다. 그러나 마원은 양송의 아버지梁統와 친구라는 이유로 답배를 하지 않았다. 그 때부터 양송은 마원에게 불만을 품게 되었다.

先是上壻梁松, 嘗候援拜牀下, 援自以父友不答. 松不平.

【候】살펴 문안 인사를 드림.

⑻ 범을 그리려다 개를 그린다

마원이 교지交趾에 있을 때 일찍이 그 조카에게 편지를 보내어 이렇게 훈계하였다.

"너희들은 남의 잘못을 들으면 마치 부모의 이름을 듣는 듯이 여겨라. 귀에 들더라도 입으로 말하지 않아야 한다. 남의 장단長短을 논하거나 정치의 시비를 논하는 일을 즐겨하는 것은, 자손으로서 이러한 행동이 있기를 원하지 않는다. 용백고龍伯高는 돈후하고 주밀하여 삼갈 줄 알며, 겸손하고 검약하여 절검한 사람으로 내가 애지중지하고 있다. 너희들은 그를 따라 본받기 바란다. 그런가 하면 두계량杜季良은 호쾌하고 의협심이 있어 남의 근심을 같이 근심하며, 남의 즐거움을 자신의 즐거움으로 하는 인물로, 그의 아버지의 장례 때 인근 여러 군의 사람들이 모두 모여들 정도였다. 나는 이를 애지중지하지만 너희들이 이를 본받도록 하고 싶지는 않다.

용백고를 본받아 따르지 못한다 해도 오히려 근엄하고 법 있는 선비는 될 수 있으니, 이는 고니를 새기다가 성공하지 못해 오리 정도는 될 수 있음과 같다. 그러나 두계량을 본받다가 잘못되면 천하의 경박한 자가 되는 경우에 빠져들고 말 것이니, 이것이 소위 말하는 범을 그리려다가 개가 된다는 것이다."

援在交趾, 嘗遣書戒其兄子, 曰:「吾欲汝曹聞人過, 如聞父母名. 耳可聞, 口不可言. 好議論人長短, 是非政法, 不願子孫有此行也. 龍伯高敦厚周愼, 謙約節儉, 吾愛之重之, 願汝曹效之; 杜季良豪俠好義, 憂人之憂, 樂人之樂, 父喪致客, 數郡畢至, 吾愛之重之, 不願汝曹效之也. 效伯高不得, 猶爲謹敕之士, 所謂刻鵠不成, 尙類鶩也; 效季良不得陷爲天下輕薄子, 所謂畫虎不成, 反類狗也.」

【兄子】마원의 두 조카 馬嚴과 馬敦.
【效】'따라 배워 본받다'의 뜻.(學也. -원주)
【鶩】오리의 일종.(鳧屬. -원주)

(9) 마원의 죽음

두계량杜季良이란 곧 두보杜保인데 두보와 원수였던 사람이 글을 올려 고발하되 마원이 조카들에게 준 편지를 증거로 제시하였다. 이 때문에 두보는 파면당하였다. 그런데 양송梁松도 두보와 교유가 있었던 터라 자칫 죄에 걸려들 뻔하였다. 이에 양송은 더욱 마원을 원망하였다. 이때에 이르러 마원의 군사가 호두산壺頭山에 이르러 승리하지 못하고 군중에서 생을 마치게 되었던 것이다. 양송은 사건을 얽어 마원을 구렁텅이에 빠뜨려 결국 광무제는 마원에게 주었던 신식후新息侯의 인수印綬를 거두어들였다.

季良者杜保, 保仇人上書告保, 以援書爲證. 保坐免官, 松坐與保遊, 幾得罪, 愈恨援. 至是援軍至壺頭, 不利, 卒軍中. 松構陷之, 收新息侯印綬.

【保】杜季良의 이름.
【壺頭】산 이름. 辰州의 沅陵縣 동쪽에 있음.
【新息】邑 이름. 汝南에 속하며 마원이 봉을 받았던 땅.

⑽ 율무를 구슬로 잘못 알다

마원이 교지交趾에 있을 때 항상 의이薏苡, 율무를 먹어 몸이 몹시 가벼워지고 그곳 풍토병瘴氣을 이겨낼 수 있었다.
이에 마원은 회군하면서 수레 하나에 이를 싣고 돌아왔다. 뒤에 마원이 죽고 나자 옛일을 거슬러 참소하는 자가 이를 명주明珠와 문서文犀를 몰래 가져온 것이라 여겼다.
황제는 더욱 노하였으나 주발朱勃이 상소하여 마원의 원통함을 호소한 덕분에 이에 황제의 마음이 약간 풀리게 되었던 것이다.

援前在交趾, 常餌薏苡, 以輕身勝瘴氣. 軍還載之一車. 後有追譖之者, 以爲明珠文犀. 上益怒, 得朱勃上書訟其冤, 乃稍解.

【薏苡】 율무. 남방에서 나며 초기에는 약으로 사용하였음.
【文犀】 물소 뿔. 무늬가 있는 것을 귀한 것으로 여김.(犀角. 以有文者爲貴. -원주)

⑾ 뇌물을 받은 죄는 용서하지 않았다

광무제光武帝는 뇌물 받은 죄에 대해서는 용서함이 없었다. 그런데 대사도大司徒 구양흡歐陽歙이 일찍이 뇌물 받는 죄를 범하고 말았다. 구양흡은 그의 《상서尙書》 강의를 받은 제자가 천여 명이었는데, 그들이 대궐문을 지키며 구해주기를 애원하였지만 끝내 용서하지 않아 그는 옥중에서 죽었다.

上於贓罪無所貸. 大司徒歐陽歙嘗犯贓, 歙所受尚書弟子千餘人. 守闕求哀, 竟不免, 死於獄.

【贓】뇌물을 받아 보관하는 것을 뜻함.(納賂曰贓. -원주)
【尙書】책 이름. 유가의 경전.《書經》.

⑿ 조강지처糟糠之妻는 버릴 수 없습니다

광무제가 등용한 신하들 중에 송홍宋弘 등의 경우 모두가 중후하고 정직하였다. 황제의 누이 호양공주湖陽公主가 일찍이 과부가 되어 송홍에게 뜻을 두고 있었다. 어느 날, 송홍이 입궐하자 공주를 병풍 뒤에 숨겨 놓고 임금이 송홍에게 이렇게 말하였다.
"속담에 부자가 되면 친구를 바꾸고, 귀해지면 아내를 바꾼다고 하던데 그것이 인지상정일까요?"
그러자 송홍이 대답하였다.
"빈천貧賤했을 때의 친구는 잊어서 안 되며, 조강지처糟糠之妻는 당에서 내쫓아서는 안 됩니다."
황제는 공주를 돌아보며 말하였다.
"일이 풀리지 않는구나."

所用羣臣, 如宋弘等, 皆重厚正直.
上姉湖陽公主, 嘗寡居, 意在弘. 弘入見, 主座屏後, 上曰:
「諺言: 富易交, 貴易妻, 人情乎?」

弘曰:「貧賤之交不可忘, 糟糠之妻不下堂.」
上顧主曰:「事不諧矣.」

【湖陽】 邑 이름으로 唐州에 속함.
【糟糠】 술을 빚고 남은 찌꺼기. 매우 가난하여 이를 먹고 견딤. 흔히 부부의 어렵던 시절을 대신하는 말로 쓰임.

⒀ 호양공주湖陽公主

　호양공주가 사람을 죽인 창두蒼頭을 그 집에 숨겨주고 있어 관리가 나섰으나 처리할 수 없었다. 낙양洛陽 태수 동선董宣이 공주가 외출할 때를 지켜보았더니 창두가 수레에 함께 타고 나가는 것이었다. 이에 이를 꾸짖고 수레에서 끌어내려 때려죽이고 말았다. 공주가 이 일을 황제에게 호소하자 황제는 크게 노하여 동선을 불러들여 매를 쳐죽이고자 하였다. 그러자 동선이 이렇게 말하였다.
　"노비가 주인을 살해한 것을 풀어주시면서 어찌 천하를 다스리겠습니까? 신은 폐하의 매를 기다릴 것도 없이 청컨대 자살하겠습니다."
　그리고는 즉시 기둥에 머리를 찧어 흐르는 피가 얼굴을 덮었다.
　임금이 소황문小黃門으로 하여금 그를 붙들어 머리를 조아려 공주에게 사죄토록 시켰다. 그러자 동선은 두 손으로 땅바닥을 짚은 채 끝내 사죄하지 않는 것이었다. 황제는 결국 손을 들었다.
　"이 목이 뻣뻣한 태수를 내보내라."
　그리고는 그에게 돈 30만을 하사하였다.

主有蒼頭殺人匿主家, 吏不能得. 洛陽令董宣, 候主出行, 奴驂乘, 叱下車, 挌殺之. 主入訴, 上大怒, 召宣欲捶殺之.

宣曰:「縱奴殺人, 何以治天下? 臣不須捶, 請自殺.」

卽以頭叩楹, 流血被面. 上令小黃門持之, 使叩頭謝主. 宣兩手據地, 終不肯.

上勅:「强項令出.」

賜錢三十萬.

【蒼頭】 당시 속어로 노예를 뜻함. 머리에 푸른 천을 매었음.
【强項令】 목이 뻣뻣하여 굽히지 않는 관리라는 뜻. 자신의 의지를 절대로 꺾지 않는 강한 관리.

⒁ 당시의 양리良吏들

당시의 주목州牧, 군수郡守, 현령縣令 등 지방의 관리들은 모두가 양리良吏였다.

곽급郭級은 영천潁川 태수로 임금의 수도 낙양洛陽에서 가까웠다. 광무제가 그를 위로하여 말하였다.

"황하가 90리를 윤택하게 하여 경사京師는 그 복을 입고 있소."

두시杜詩는 남양南陽의 태수였는데 그 군민이 이렇게 말하였다.

"전에는 소부召父가 있었고 뒤에는 두모杜母가 있었다."

장감張堪은 어양漁陽 태수였는데 사람들이 그를 두고 이렇게 말하였다.

"뽕나무엔 곁가지가 없고, 보리 이삭은 둘씩 나오네."

장감의 정치는 그 즐거움을 헤아릴 수 없다네.

當時州牧郡守縣令, 皆良吏. 郭伋守潁川, 近帝城.
上勞之曰:「河潤九里, 京師蒙福.」
杜詩守南陽, 郡人爲之語曰:「前有召父, 後有杜母.」
張堪守漁陽, 人爲之語曰:「桑無附枝, 麥穗兩岐. 張堪爲政, 樂不可支.」

【召父杜母】召父는 宣帝 때의 召信臣이라는 사람이며, 杜母는 杜詩의 어머니로 모두 족히 백성의 부모가 될 정도로 훌륭함을 말함.
【附枝】다른 나무에 의지하여 사는 기생식물.
【張堪】《通鑒》에는 張君으로 되어 있음.
【支】헤아림.(度也. －원주)

⒂ 강릉江陵의 화재

　유곤劉昆은 강릉江陵 현령縣令이었는데 어느 날 화재가 났다. 그러자 그가 그곳을 향해 머리를 조아리자 바람이 반대로 불어 불이 꺼지는 것이었다. 그 뒤 유곤은 홍농弘農 태수가 되었을 때 호랑이가 새끼를 업고 황하를 건넜다는 것이었다. 광무제가 물었다.
　"어떠한 덕정을 베풀었기에 이런 경우까지 나타나는가?"
　유곤이 말하였다.
　"우연이겠지요."
　임금이 말하였다.
　"어른의 말이로다."
　황제는 이를 책策에 기록하게 하였다.

劉昆爲令江陵, 有火, 叩頭向之, 反風滅火.
後守弘農, 虎北渡河, 上問:「行何德政而至是?」
昆曰:「偶然耳.」
上曰:「長者之言也.」
命書之策.

【弘農】河內 虢州에 속하는 군 이름.

(16) 절의 높은 처사處士

황제는 특히 높은 절의를 존중하였다. 처사處士 주당周黨을 불렀더니 그가 이르러 굴하지 않으면서 엎드려 있을 뿐 배알拜謁하지 않는 것이었다. 혹자가 이를 비난하는 글을 올리자 황제는 이렇게 말하였다.
"옛날부터 명왕성주明王聖主는 반드시 그 아래 권력에 굴복하지 않는 사람이 있게 마련이다."
그리고 그에게 비단을 내리고 그를 임용할 것을 단념하였다.

尤重高節. 徵處士周黨, 至, 不屈 伏而不謁.
或奏詆之, 上曰:「自古明王聖主, 必有不賓之士.」
賜帛罷之.

【不謁】부복만 하고 배알하지는 않음.(俯伏而不拜謁. －원주)
【賓】복종함을 뜻함.(服也. －원주)

⑴⁷ 황제에게 발을 걸치고 잠든 옛 친구 엄광嚴光

한편 처사 엄광嚴光은 일찍이 황제와 교유하며 함께 글을 배운 사람이었다. 그를 물색하여 찾아보았더니 제齊에 가 있었는데 그는 양피羊皮의 옷을 입고, 못에서 낚시질을 하고 있었다. 부름에 응해 오기는 하였지만 그 역시 황제에게 굴복하지 않았다. 광무제가 이 엄광과 하룻밤을 함께 자게 되었을 때 그는 자신의 발을 황제의 배 위에 올려놓았다.

〈엄광(子陵, 嚴遵)〉《三才圖會》

이튿날 태사太史가 아뢰었다.

"객성客星이 옥좌玉座를 범하였었는데, 심히 급하더이다."

황제가 말하였다.

"짐은 옛 친구 엄자릉(嚴子陵, 엄광)과 함께 잤을 뿐이오."

그를 간의대부諫議大夫에 임명하였으나 그는 끝내 받지 않고 돌아가 농사지으며 낚시를 즐기면서 부춘산富春山에 은거하였다가 세상을 마쳤다. 한나라 때 청절淸節한 선비가 많이 나온 것은 이로부터였다.

處士嚴光, 與上嘗同游學, 物色得之齊國, 披羊裘釣澤中. 徵至, 亦不屈. 上與光同臥, 以足加帝腹.

明日太史奏:「客星犯御座甚急.」

上曰:「朕與故人嚴子陵共臥耳.」

拜諫議大夫不肯受, 去耕釣, 隱富春山中終.

漢世多淸節士子此始.

【嚴光】 어릴 때 광무제와 함께 놀던 친구로 본래 莊光이었으나 明帝(劉莊)의 이름을 피휘하여 嚴氏로 고침.
【物色】 유형을 추측하여 찾는 것을 물색이라 함.(推類而求曰物色. −원주)
【富春山】 建德府에 있는 산 이름.

⒅ 나는 즐거워 피곤함을 느끼지 못한다

바야흐로 천하가 아직 평정되지 않았을 때 황제는 이미 문치文治에 뜻을 두고 우선 먼저 태학太學을 세워 고전古典을 익혀 예악을 닦고 밝히도록 하였다. 만년에는 명당明堂, 영대靈臺, 벽옹辟雍 등을 세워 찬란한 문물을 가히 서술할 수 있었다.

매일 아침 조회를 보고 해가 기울어야 그만두었다. 그리고 공公卿, 낭장郎將 등 문무의 중신을 모아놓고 국가 경영의 이치를 강론하며 밤이 되어야 잠자리에 들었다. 황태자가 기회를 보아 간하여 말하였다.

"폐하께서는 우왕禹王이나 탕왕湯王의 명석함은 갖추고 계시지만, 황로黃老의 양생養生의 도道를 잃고 계십니다."

그러자 황제는 이렇게 말하였다.

"나는 지금 이렇게 하는 것이 즐거워 피곤함을 느끼지 못하고 있다."

광무제는 재위 33년에 그 몸으로 태평을 이루었다. 연호를 두 번 고쳐 건무建武, 중원中元이라 하였다. 향년 62세에 태자가 즉위하니 이가 현종명황제顯宗明皇帝이다.

方天下未平, 上已有志文治, 首起太學, 稽式古典, 修明禮樂. 晚歲起明堂·靈臺·辟雍, 粲然文物可述. 每旦視朝, 日昃乃罷. 引公卿郎將, 講論經理, 夜分乃寐.

皇太子乘間諫曰:「陛下有禹湯之明, 而失黃老養性之道.」
上曰:「我自樂此, 不爲疲也.」
在位三十三年, 身致太平. 改元者二, 曰建武, 中元. 壽六十二, 太子立, 是爲顯宗明皇帝.

【靈臺】원래는 천지 기상의 재이를 살피기 위해 세우는 천체관측소. 그러나 뒤에 황제의 휴식과 유람을 위한 곳으로 뜻이 변화됨.
【辟雍】태학을 뜻함. 둘레에 못을 파 마치 환옥(環玉)과 같아, 태학을 부르는 다른 이름이 되었음.
【禹湯】夏禹와 商湯. 모두 백성을 다스리기에 자신을 돌보지 않은 임금으로 유가적인 뜻을 가지고 있음.
【黃老】黃帝와 老子. 양생술을 익혀 불로장생을 실현함을 뜻함.

2. 孝明皇帝

> ◉ 明帝. 東漢의 제2대 황제.
> 劉莊. 58년~75년 재위.

311 효명황제孝明皇帝

효명황제孝明皇帝는 처음에는 이름이
양陽이었으며 어머니는 음씨陰氏였다.
광무제가 아직 미천할 때 일찍이 이렇게
말하였다.

"관리가 된다면 집금오執金吾의 자리를
얻고 싶고, 아내라면 음려화陰麗華에게
장가들고 싶다."

뒤에 마침내 음씨陰氏를 얻어 양陽을
낳았는데 그는 어릴 때부터 똑똑하였다.
광무제가 주군州郡에 조서를 내려 각 지방
의 개간지와 호구를 조사토록 하였다.
각 주군에서는 사람을 파견하여 그 결과
를 보고하였다.

〈한 명제〉《三才圖會》

그런데 진류군陳留郡 관리의 문서를 보았더니 그 첫머리에 무엇이라
씌어 있었는데, 이를 살펴보았더니 다음과 같았다.

"영천潁川, 홍농弘農은 조사할 수 있었지만 하남河南, 남양南陽은 조사할
수 없다."

광무제는 관리에게 그 이유를 힐문하였다. 그러나 그 관리는 단지 거리에서 하는 말을 듣고 적었을 뿐이라는 것이었다.

황제가 노하자 양은 이 때 열두 살 나이였는데, 휘장 뒤에 있다가 이렇게 말하는 것이었다.

"관리는 군수의 명령을 받아 보고하는 임무를 띤 것뿐이며, 각 군의 개간지를 비교해 달라는 것입니다. 하남은 황제가 있는 수도 지역으로 근신이 많고, 남양은 황제의 고향으로 친척과 친구가 많아 전택이 규정을 넘어서 있을 것입니다. 따라서 이곳을 기준으로 삼을 수는 없다는 것입니다."

그리하여 관리를 힐문하였더니 수긍하며 거짓을 인정하였다. 광무제는 양을 기이하게 여겼다.

그리하여 곽황후郭皇后가 폐위되고 음귀인陰貴人이 황후가 되었고 양은 황태자가 되어 이름을 장莊이라 고쳤다. 그리하여 이 때에 이르러 즉위한 것이다.(A.D.58)

孝明皇帝:

初名陽, 母陰氏.

光武微時, 嘗曰:「仕宦當作執金吾, 娶妻當得陰麗華.」

後竟得之, 生陽, 幼穎悟.

光武詔州郡, 檢覈墾田戶口. 諸郡各遣人奏事. 見陳留吏牘, 上有書.

視之, 云:「潁川弘農可問, 河南南陽不可問.」

光武詰吏由, 祇言於街上得之.

光武怒, 陽年十二, 在幄後, 曰:「吏受郡敕, 欲以墾田相方耳. 河南帝城, 多近臣, 南陽帝鄉, 多近親, 田宅踰制, 不可爲準.」

以詰吏, 首服. 光武大奇之.

郭皇后廢, 陰貴人立爲后, 陽爲皇太子, 改名莊. 至是即位.

【麗華】陰皇后의 字.
【方】비교함.(比也. －원주)
【貴人】后妃 다음으로 귀한 신분.

312 구경꾼이 억만 명

영평永平 2년(A.D.59), 명제明帝는 벽옹辟雍에 임하여 양로養老의 예를 행하였다. 이궁李躬을 삼로三老로, 환영桓榮을 오경五更으로 하여 삼로는 동면東面하고, 오경은 남면南面하여 자리에 앉히고, 명제가 몸소 좌단左袒하고 희생을 베어 장醬을 잡고 대접하였으며 술잔을 잡아 권하였다.

예가 끝나고 환영 및 그 제자들이 당에 올라 유생들이 경서를 손에 들고 의문을 질문하였으며, 의관을 갖춘 신사들이 교문橋門을 둘러싼 채 보고 듣는 자가 억만을 헤아릴 정도였다.

○ 永平二年, 臨辟雍行養老禮. 以李躬爲三老, 桓榮位五更, 三老東面, 五更南面, 上親袒割牲, 執醬而饋, 執爵而酳. 禮畢, 引榮及弟子升堂, 諸儒執經問難, 冠帶搢紳之人, 圜橋門而觀聽者億萬計.

【三老五更】 三老는 三公을 뜻하며 五更은 대부를 말함. 훌륭한 어른들을 지칭하는 말.
【搢紳】 搢은 꽂다(揷也)의 뜻이며 紳은 큰 허리 띠(人帶)로 홀(笏)을 꽂은 모습으로 훌륭한 대신을 뜻함.
【橋門】 辟雍의 둘레는 모두 물이며 각기 나가는 문이 있어 이를 '橋門'이라 함.

313 동한 개국공신들의 초상

3년(A.D.60), 광무제의 한조漢朝 중흥中興의 공신 28장군의 초상을 남궁南宮의 운대雲臺에 그려 걸어 28수宿에 맞추었다. 등우鄧禹가 첫째였으며 다음으로 마성馬成, 오한吳漢, 왕량王梁, 가복賈復, 진준陳俊, 경엄耿弇, 두무杜茂, 구순寇恂, 부준傅俊, 잠팽岑彭, 견심堅鐔, 풍이馮異, 왕패王霸, 주우朱祐, 임광任光, 제준祭遵, 이충李忠, 경단景丹, 만수萬脩, 갑연蓋延, 비융邳肜, 조기銚期, 유식劉植, 경순耿純, 장궁臧宮, 마무馬武, 유융劉隆이었다. 다만 마원馬援만은 황후의 아버지라는 이유로 이에 넣지 않았다.

○ 三年, 圖畫中興功臣二十八將於南宮雲臺, 應二十八宿: 鄧禹爲首, 次馬成, 吳漢, 王梁, 賈復, 陳俊, 耿弇, 杜茂, 寇恂, 傅俊, 岑彭, 堅鐔, 馮異, 王霸, 朱祐, 任光, 祭遵, 李忠, 景丹, 萬脩, 蓋延, 邳肜, 銚期, 劉植, 耿純, 臧宮, 馬武, 劉隆. 惟馬援以皇后之父, 不與焉.

【南宮】洛陽에 있으며 한 고조가 일찍이 이곳에서 주연을 베푼 적이 있음.
【二十八宿】하늘의 28개 별자리. 角, 亢, 氐, 房, 心, 尾, 箕, 斗, 牛, 女, 虛, 危, 室, 壁, 奎, 胃, 昴, 畢, 觜, 參, 井, 鬼, 柳, 星, 張, 翼, 軫이며 天經의 별들임.
【蓋】'갑'으로 읽음.

314 선한 일 하는 것으로 즐거움을 삼지요

11년(A.D.68), 동평왕東平王 창蒼이 찾아와 입조하였다. 창은 황제 즉위 초부터 표기장군驃騎將軍이 되어 5년 만에 귀국하여 이때에 이르러 입조한 것이다. 임금이 물었다.

"집에서 무엇으로 즐김을 삼고 있는가?"

창은 이렇게 대답하였다.

"좋은 일을 하는 것이 가장 즐거운 일이지요."

○ 十一年, 東平王蒼來朝. 蒼自上卽位初, 爲驃騎將軍, 五年而歸國, 至是入朝.

上問:「處家何以爲樂?」

蒼曰:「爲善最樂.」

【東平】東平에 세웠던 封侯國.
【蒼】光武帝의 셋째 아들.

315 호랑이 굴에 들어가야 호랑이 새끼를 잡는다

영평永平 17년(A.D.74), 또 다시 서역도호西域都護와 무기교위戊己校尉를 두었다. 처음에 경병耿秉이 흉노匈奴 정복을 청하면서 이렇게 말하였다.

"의당 무제武帝가 서역과 통호하여 흉노의 오른팔右臂을 끊었던 것과 같이 해야 합니다."

명제는 그의 말을 쫓아, 경병耿秉을 두고竇固와 함께 도위都尉로 삼아 양주涼州에 주둔토록 하였다. 두고는 우선 부하 가사마假司馬 반초班超를 서역에 사신으로 보냈다. 반초가 선선국鄯善國에 도착하자, 그 왕의 예를 갖춤이 심히 대단하더니, 때마침 흉노의 사신이 오자 반초에게 대한 대우가 소홀해지는 것이었다. 반초는 수행원 36명을 모아 놓고 이렇게 말하였다.

"호랑이 굴에 들어가지 않으면 호랑이 새끼를 얻을 수 없는 법이다."

그러고는 급히 그 흉노의 사신들 진영으로 들어가 그 사신과 종사 30여 명의 목을 베었다. 선선의 온 나라가 떨고 두려워하자 반초는 한나라의 위덕을 일러주면서 금후 다시는 흉노와 통하지 말도록 하였다.

반초가 다시 우전국于闐國에 사신으로 가자 그 왕도 역시 흉노의 사신을 베어버리고 투항하여 여러 나라는 모두 왕자를 한나라에 보내게 되었고, 서역과의 교통이 다시 열렸다.

이때에 이르러 두고竇固 등이 차사車師를 치고 돌아오자 진목陳睦을 도호都護로 삼고, 경공耿恭을 무교위戊校尉로, 그리고 관감關龕을 기교위己校尉로 삼아 각각 서역에 나누어 주둔시켰던 것이다.

○ 十七年, 復置西域都護戊己校尉.

初耿秉請伐匈奴, 謂:「宜如武帝通西域, 斷匈奴右臂.」

上從之, 而秉與竇固, 爲都尉屯涼州.

固使假司馬班超使西域, 超至鄯善, 其王禮之甚備, 匈奴使來, 頓疎懈.

超會吏士三十六人, 曰:「不入虎穴, 不得虎子.」

奔虜營斬其使及從士三十餘級. 鄯善一國震怖, 超告以威德, 使勿復與虜通. 超復使于寘, 其王亦斬虜使以降.

於是諸國皆遣子入侍, 西域復通. 至是, 竇固等擊車師而還, 以陳睦爲都護, 及以耿恭爲戊校尉, 關爲已校尉, 分屯西域.

【于寘】나라 이름. 西域에 있음.
【龕】《通鑑》에는 '寵'으로 되어 있음.

316 북흉노와의 싸움

18년(A.D.75), 북흉노北匈奴가 무교위 경공耿恭을 공격해왔다. 그에 앞서 명제明帝가 즉위한 다음해 남선우南單于 비比가 죽고, 아우 막莫이 뒤를 이어 명제가 사신을 보내어 그에게 새수璽綬를 주었었다.

그러자 북흉노가 한나라 변방을 침범하자 남선우는 이를 물리쳐주었다. 그런데 한나라가 북흉노와 사신을 보내어 친교를 맺자 남선우는 이를 원망하여 모반하고자 몰래 사신을 북흉노에 보내서 통하고 있었다. 이에 한나라는 도료장군度遼將軍을 오원五原에 두어 방어하고 있었다.

이윽고 한나라는 다시 북흉노를 치게 되었으며 북흉노 역시 변경을 침입해 왔다. 그리하여 이때에 이르러 무교위 경공을 금포성金浦城으로 공격해 온 것이다. 경공이 독약을 화살에 발라 흉노에게 일렀다.

"우리 한나라 화살은 신이다. 이것을 맞는 자는 이상한 일이 있을 것이다."

흉노가 그 화살을 맞은 자를 조사해 보았더니 맞은 자리에서 피가 끓어오르자 크게 놀라는 것이었다. 이 때 경공은 폭풍우를 타고 습격하여 많은 무리를 살상하였다. 흉노는 겁을 내며 말하였다.

"한나라 군사는 신이다. 진실로 두려워할 만하다."

그러고는 해산하여 물러났다.

○ 十八年, 北匈奴攻戊校尉耿恭.

初上卽位之明年, 南單于比死, 弟莫立, 上遣使授璽綬. 北匈奴寇邊, 南單于擊卻之. 漢與北匈奴交使, 南單于怨欲畔, 密使人與交通. 漢置道遼將軍於五原以防之. 已而漢伐北匈奴, 北匈奴亦寇邊. 至是攻恭於金蒲城.

恭以毒藥傅矢, 語匈奴曰:「漢家箭神, 中子有異.」

虜視創皆沸, 大驚. 恭乘暴風雨擊之, 殺傷甚衆.
匈奴震怖曰:「漢兵神, 眞可畏也.」
乃解去.

【度遼】遼水는 본래 玄菟郡의 高句驪縣 遼山에서 발원하여 遼東郡 望平縣을 거쳐 安市縣에 이르러 바다로 흘러든다. 이 물은 五原을 경유하지 않으니 여기서 '度遼'라고 말한 것은 군대를 출동시켜 遼水를 건널 자들을 말한 것이다.(遼水本出自玄菟郡高句驪縣遼山, 經遼東郡望平縣, 至安市縣入海. 初未經於五原, 而此度遼云者, 謂出師當度遼水者也. —원주)
【金蒲】城 이름. 西域에 있음.

317 침대 밑으로 숨어버린 약숭藥崧

명제가 죽었다(A.D.75). 재위 18년이었다. 연호는 한번 바뀌어 영평永平이라 하였으며 나이 48살이었다.

황제는 치우치게 살피는 성격으로, 남의 이목에 미치지 않는 은밀한 것까지 밝혀내어 이를 폭로하는 것을 명석한 것이라 즐겼다.

이에 공경公卿 대신들도 자주 비방과 훼멸을 당하기도 하였으며, 근신 상서尙書 이하도 물건으로 맞거나 질질 끌려오는 일을 당하기에 이르렀다.

일찍이 상서랑尙書郎 약숭藥崧이 노여움을 사서 명제가 지팡이 끝으로 약숭을 찌르자 약숭은 달아나 침대 밑에 숨어버렸다. 황제는 노기가 심하여 이렇게 급히 굴었다.

"낭郎, 나오라. 낭, 나오라."

약숭이 대답하였다.

"천자는 목목穆穆하며, 제후는 황황皇皇하다 하였습니다. 임금된 자가 친히 낭郎을 찌르기 시작한 것이 언제부터인지는 아직 듣지 못하였습니다."

명제는 그제야 그를 용서하였다.

명제는 건무建武 때의 제도를 준수하고 받들어 조금도 고치는 일이 없으며, 후비后妃 집안은 정치에 관여하지 못하도록 후侯에 봉하지 않았다. 그리하여 관도공주館陶公主가 자신의 아들에게 낭관郎官의 벼슬을 줄 것을 바라자 이렇게 말하였다.

"낭관은 하늘의 열수列宿에 상응하여 백 리 땅의 우두머리이다. 그에 걸맞은 사람이 아니면 백성이 그 재앙을 받게 된다."

그러고는 허락하지 않았다.

당시의 관리는 그 직위에 맞아 백성은 그 생업을 즐겁게 여겨 원근이 모두 두려워하며 복종하여 호구戶口가 날로 늘어났다. 태자가 즉위하니 이가 숙종효장황제肅宗孝章皇帝이다.

○ 上崩, 在位十八年. 改元者一, 曰永平. 壽四十八.

上性偏察, 好以耳目隱發爲明. 公卿大臣數被詆毀, 近臣尚書以下, 至見提曳. 嘗怒郞藥崧, 以杖撞之, 崧走入床下.

上怒甚, 疾言曰:「郞出, 郞出!」

崧曰:「天子穆穆, 諸侯皇皇, 未聞人君自起撞郞.」

乃赦之.

上遵奉建武制度無更變, 后妃家不得封侯預政.

館陶公主, 爲子求郞, 上曰:「郞官上應列宿, 出宰百里. 苟非其人, 民受其殃.」

不許.

當時吏得其人, 民樂其業, 遠近畏服, 戶口滋殖焉.

太子立, 是爲肅宗孝章皇帝.

【偏】성격이 편벽되고 협소함을 뜻함.
【隱發】남의 은밀한 비밀을 들춰냄.
【館陶】나라 이름. 濮州에 있었음.

3. 孝章皇帝

> ◉ 章帝. 東漢의 제3대 황제.
> 劉炟. 76년~88년 재위.

318 효장황제孝章皇帝

효장황제孝章皇帝는 이름이 훤烜이며 어머니는 가씨賈氏였으나 마황후馬皇后가 길러 태자가 되어 이때에 즉위한 것이다. (A.D.76)

孝章皇帝:
名烜, 母賈氏, 馬皇后養之, 立爲太子, 至是卽位.

【烜】 장제의 이름은 일반적으로 '劉炟'로 알려져 있음.

〈한 장제〉《三才圖會》

319 반초班超의 의견을 따르다

서역이 도호都護를 공격하여 함락시켰다. 그리고 북흉노北匈奴가 기교위己校尉를 포위하고 다시 경공耿恭을 포위하였다. 장제章帝는 조서를 내려 군사를 파견하여 도호와 무기교위의 관직을 폐지하였다. 오직 반초班超만은 글을 올려 구원병을 청하여 서역 평정을 완수하고자 하였다. 황제는 그의 공이라면 성공할 것임을 알고 이에 좇았다.

〈반초(仲升)〉《三才圖會》

○ 西域攻沒都護. 北匈奴圍己校尉, 又圍耿恭. 詔遣兵, 罷都護及戊己校尉官. 惟班超上疏請兵, 欲遂平西域. 上知功可成, 從之.

320 북흉노의 투항

북흉노 58부部가 투항해왔다. 당시 북흉노가 쇠퇴하여 무리들이 이반하자 남부가 그 전면을 공격하고, 정령丁零은 그 뒤를 쳤으며, 선비鮮卑는 그 왼쪽을 치고, 서역西域은 그 오른쪽을 쳐서 더 이상 자립自立할 수 없게 되었다. 이에 그들이 무리를 이끌고 멀리 떠나버리자 선비가 북선우北單于를 베어버렸다. 그 때문에 58부에, 한나라에 투항해 온 자가 있었던 것이다.

○ 北匈奴五十八部來降. 時北匈奴衰耗, 黨衆離畔, 南部攻其前, 丁零寇其後, 鮮卑擊其左, 西域攻其右, 不復自立. 乃遠引而去, 鮮卑擊斬北單于. 故部衆有來降者.

【南部】南匈奴部를 말함.
【丁零】나라 이름으로 西域에 있음.

321 장제章帝의 치적

⑴ 충신은 효자 가문에서 난다

장제가 재위 13년에 죽었다.(A.D.88) 연호를 세 번 고쳐 건초建初, 원화元和, 장소章昭라 하였으며 31세의 수를 누렸다.

장제는 명제明帝가 지나치게 살피던 정치를 이었는데, 사람들이 이를 싫어하고 가혹하며 절박하게 여긴다는 것을 알고는, 일에 따라 관대하고 후하게 하였으며 문치에 힘쓰되 예악으로 하였다. 일찍이 공거법貢擧法에 대하여 의논을 폈을 때 위표韋彪가 이렇게 말하였다.

"국가는 어진 이를 간택하는 일을 임무로 삼아야 하며, 어진 이는 효행을 그 우선으로 삼아야 합니다. 그리고 충신은 반드시 효자의 가문에서 나게 마련입니다."

황제는 그렇다 여겼다.

그 때 여강廬江 모의毛義라는 사람이 덕행과 절의로 이름이 나 있었다. 그런데 남양南陽의 장봉張奉이라는 사람이 그를 찾아가 살펴보았더니 마침 부府의 격문檄文이 도달하여 모의를 안양安陽 현령으로 임명한다는 것이었는데, 모의가 이를 받아가지고 들어가면서 희색이 만면한 모습이었다. 장봉은 마음속으로 이를 천하게 여겼다.

뒤에 모의의 어머니가 죽고 나자 모의는 그 어떤 부름에도 나가지 않는 것이었다. 장봉은 감탄하였다.

"지난 날 그가 그렇게 즐거워한 것은 어버이를 위해 몸을 굽힌 것이었구나."

임금은 그에게 조직을 포상하고 총애하였다.

○上崩,在位十三年,改元者三: 曰建初,元和,章和,壽三十一.
上繼明帝察察之後,知人厭苛切,事從寬厚,文之以禮樂.
嘗議貢擧法,韋彪議曰:「國以簡賢爲務,賢以孝行爲首; 求忠臣,必於孝子之門.」
上然之.
廬江毛義, 以行義稱. 張奉候之, 府檄適至, 以義守安陽令. 義捧檄入, 喜動顏色. 奉心賤之. 後義母死, 徵辟皆不至.
奉乃歎曰:「往日之喜, 爲親屈也.」
上下詔襃寵之.

【廬江】廬州에 세웠던 封侯國.
【安陽】彰德에 속하는 현.

(2) 바지가 다섯 벌씩

당시의 주군州郡의 수령守令들은 모두 그 자리에 맞았으니 이를테면 염범廉范이 촉군蜀郡 태수로 있을 때 번거로운 금지제도禁制를 느슨하게 하여 백성의 편의를 도모하였다.
그러자 백성들이 이렇게 노래를 불렀다.

"염숙도廉叔度는 어찌 그리 늦었는가?
밤에 불을 켜지 못하도록 한 법을 없애주니,
백성은 안심하고 밤에도 일을 할 수 있지.
지난 날 속옷 하나 없었는데 지금은 바지가 다섯 벌씩일세."

당시에는 모두가 요역徭役을 공평하게 하고 세금을 간단하게 하였으며, 이해심 많고 온후한 장자長者가 정치를 하여 장제가 죽을 때까지 백성들은 그 은덕을 입었다. 태자가 즉위하니 이가 효화황제孝和皇帝이다.

州郡得人, 如廉范在蜀郡, 弛禁以便民, 民歌之曰:『廉叔度來何暮? 不禁火民安作, 昔無襦今五袴.』
當時皆以平徭簡賦. 忠恕長者爲政, 終上之世, 民賴其慶.
太子立, 是爲孝和皇帝.

【蜀郡】지금의 사천성 成都
【叔度】廉范의 字.
 ● 원주에는 다음과 같이 기록하였다.
《通鑑》에 "成都는 백성과 물자가 풍부하지만 고을이 서로 붙어 있어 옛날 정책에 백성들이 밤에는 불을 켜지 못하게 하여 화재를 예방하였다. 그런데 염범이 이 법령을 없애고 대신 물을 준비하여 두는 것을 엄하게 하였다. 백성들은 이를 편하게 여겨 노래 부른 것이다"라 하였다.(通鑑:「成都民物豐盛, 邑宇逼側, 舊政禁民夜作, 以防火災. 范削此令, 但嚴使儲水而已. 民以爲便歌之.」)

4. 孝和皇帝

> ◎ 和帝. 東漢의 제4대 황제.
> 劉肇. 89년~105년 재위.

322 효화황제 孝和皇帝

효화황제孝和皇帝는 이름이 조肇이며 어머니는 양씨梁氏였는데 두황후竇皇后가 아들로 삼아 길렀다. 나이 열 살에 즉위하여 두황후가 섭정하였다. 두헌竇憲은 외척外戚으로 시중侍中이 되어 권력을 휘두르다가 죄를 얻자 북흉노를 쳐 스스로 속죄하겠다고 하여 두황후가 허락하였다. 두헌은 흉노를 크게 파하고 연연산燕然山에 올라 큰 돌에 자신의 공을 새기고 돌아와 대장군大將軍이 되었다.

4년(A.D.92), 두헌 부자 형제가 모두 경卿과 장교將校가 되어 일족이 조정에 가득하였다. 그러다가 모반을 꾀하기에 이르자 태후太后는 이를 알고 환관 정중鄭衆과 의논 결정하여 군사를 모아 두헌의 대장군의 인수印綬를 거두어들이고 두헌에게 자살을 강요하였다.

태후는 정중을 대장추大長秋로 삼고 항상 그와 더불어 정치를 의논하였다. 환관이 권력을 잡은 것은 이로부터 시작된 것이다.

孝和皇帝:

名肇, 母梁氏, 竇皇后子之. 年十歲卽位, 竇后臨朝. 竇憲以外戚侍中, 用事, 有罪, 求出擊北匈奴以自贖, 后從之. 大破匈奴,登燕然山, 刻石勒功而還, 入爲大將軍.

　四年, 父子兄弟, 並爲卿校, 充滿朝廷. 有逆謀, 上知之, 遂與宦者鄭衆定議, 勒兵收憲印綬, 迫令自殺. 以衆爲大長秋, 常與議政. 宦官用權自此始.

【子之】 양자로 삼음을 뜻함.
【燕然山】 宣德府에 있는 산 이름.
【卿校】 公卿將校.
【大長秋】 황후에게 예속된 경으로 궁중의 명령을 선포한다.(皇后卿, 掌奉宮中宣命. －원주)

323 선비鮮卑의 세력이 강해지다

이에 앞서 한나라 군사가 북선우北單于를 쳐서 선우는 도망하여 죽었다. 한나라는 그의 아우를 세웠으나 뒤에 모반하였으므로 추격하여 이를 베고 멸망시켰다. 선비鮮卑가 북흉노의 땅으로 옮겨가 그곳을 근거지로 삼았으며 이로부터 선비가 점차 그 세력이 성하게 되었다.

○ 先是, 漢兵擊北單于, 走死. 漢立其弟, 後叛, 追斬滅之. 鮮卑徙據北匈奴地, 自此漸盛.

【弟】북선우의 아우 이름은 오제건(於除鞬)이었다.

324 만리 밖의 날고기를 먹으리라

그 때 서역에 있던 반초班超를 서울로 돌아오도록 불렀으나 그는 돌아오자 그만 죽고 말았다. 반초는 서생書生의 신분에서 몸을 일으켜, 붓을 내던지고 무공을 만리에 세워 봉후封侯가 되겠다는 뜻을 품고 있었다. 그 때 관상을 보는 자가 반초에게 말하였다.

"그대는 제비의 턱에 호랑이 머리 모습이니 멀리 날아 날고기를 먹어야 하오. 만리후萬里侯가 될 상이오."

그는 가사마假司馬가 되어 서역에 들어가 장제章帝 때에 서역장병장사西域將兵長史가 되었고, 이 화제和帝 때에 이르러서는 반초를 서역도호기도위西域都護騎都尉가 된 것이었다.

반초는 여러 나라를 평정하고 서역에 머물기를 30년, 그 공에 의해 정원후定遠侯에 봉해졌다.

이때에 이르러 그는 늙음을 이유로 돌아오고 싶어하며, 살아서 옥문관玉門關으로 들어오고 싶다고 하였다. 조정은 이를 허락하였다.

임상任尙이 뒤를 이어 도호都護가 되어 반초에게 가르침을 청하자 반초가 말하였다.

"공은 성격이 너무 엄하고 급하오. 물이 맑으면 큰 고기가 살지 않는 법, 호탕하고 넓게 하여 간단하고 쉽게 하시오."

그러자 임상은 남에게 몰래 말하였다.

"나는 반초 정도라면 의당 기이한 책략이 있는 줄 알았더니 지금 말하는 것을 보니 그저 평범할 뿐이로군."

임상은 후에 과연 변경의 화목을 잃어 반초는 그 말대로 되고 말았다.

○ 徵班超還京師, 卒. 超起自書生, 投筆有封侯萬里外之志. 有相者, 謂曰:「生燕頷虎頭, 飛而食肉, 萬里侯相也.」

自假司馬入西域. 章帝時, 爲西域將兵長史, 至上以超爲西域都護騎都尉. 平定諸國, 在西域三十年, 以功封定遠侯.

至是以年老乞歸, 願生入玉門關. 上許之.

任尚代爲都護, 請敎, 超曰:「君性嚴急, 水淸無大魚, 宜蕩佚簡易.」

尙私謂人曰:「我以班君當有奇策, 今所言平平耳.」

尙後果失邊和, 如超言.

【頷】턱의 아래. 하관.(頤下曰頷. -원주)
【定遠】邑 이름으로 洋州에 있음.

325 화제和帝가 죽다

황제는 재위 18년에 죽었다.(A.D.105) 연호를 두 번 고쳤으니 영원永元과 원흥元興이다. 태자가 뒤를 이으니 이가 효상황제孝殤皇帝이다.

○ 上在立十八年, 崩. 改元者二: 曰永元, 元興. 太子立, 是爲孝殤皇帝.

【永元】 즉위 다음해 己丑년에 연호를 바꾸었음.
【殤】 성인이 되기 전에 죽는 것을 殤이라 함.(未成人而死曰殤. —원주)

5. 孝殤皇帝

> ❸ 殤帝. 東漢의 제5대 황제.
> 劉隆. 106년 1년간 재위.

326 효상황제 孝殤皇帝

효상황제孝殤皇帝는 이름은 융隆이며 태어난 지 백여 일에 즉위하였다. 연호를 연평延平으로 고쳤으며 재위 여덟 달을 넘기고 죽었다.(A.D.106)
 이 때 황태후 등씨鄧氏가 조정에 임하여 등즐鄧騭과 책策을 정하여 후사를 세웠는데 이가 효안황제孝安皇帝이다.(A.D.107)

孝殤皇帝:
 名隆, 生百餘日卽位. 改元延平, 在位八閱月而崩. 時皇太后鄧氏臨朝, 與鄧騭定策立嗣, 是爲孝安皇帝.

【閱】越과 같음. '넘기다'의 뜻.(越同, 逾也. - 원주)
【鄧騭】太后의 오빠. '騭'은 음이 '즐'(音質)이다. '鷙'과 같다.

6. 孝安皇帝

> 安帝. 東漢의 제6대 황제.
> 劉祜. 107년~125년 재위.

327 효안황제孝安皇帝

(1) 등후鄧后

효안황제의 이름은 호劉祜이며 청하왕淸河王 경劉慶의 아들이요, 장제章帝의 손자이다. 관례冠禮도 치르기 전에 맞아들여 제위에 즉위시켜 (A.D.107) 등후鄧后가 여전히 임조臨朝하였다.

孝安皇帝:
名祜, 淸河王慶之子, 章帝孫也. 未冠迎卽位, 鄧后仍臨朝.

【淸河】恩州에 세웠던 封侯國.

(2) 등즐鄧隲과 우후虞詡

등즐은 대장군大將軍이 되었다. 당시 변방에 일이 많아 등즐은 양주涼州를 포기하고 힘을 모아 북쪽에 힘을 쏟으려 하였다. 그러자 낭중郎中 우후虞詡가 불가하다고 여겨 말하였다.

"관서關西는 많은 장수를 배출해 온 땅이며, 관동關東은 재상이 많이 배출되었습니다. 열사와 무부武夫는 주로 양주에서 많이 나왔습니다."

모두가 우후의 논의를 따르자 등즐은 우후를 미워하여 이를 모함하고자 하였다. 그런데 마침 조가朝歌의 도둑이 공격하여 장사長史, 현령縣令를 죽이는 일이 벌어졌는데, 주군에서는 이를 제압할 수 없었다. 이에 등즐이 우후를 조가의 읍장으로 삼자, 우후의 친구들은 돌아오지 못할 것이라 하여 모두 조문을 왔다. 우후는 이렇게 말하였다.

"뒤얽힌 뿌리와 엇갈린 줄기를 만나지 못하면 날카로운 도구가 얼마나 잘 드는지 구별해낼 수 없는 법입니다."

우후는 관에 도착하자 곧 장정을 모집하였다. 그리하여 약탈을 행하는 자를 상급으로 삼고, 사람을 살상하고 도둑질을 잘하는 자를 그 다음 급수로 하여 백여 명을 모을 수 있었다. 그리고 이들을 도둑의 무리 속에 숨겨 넣어 겁살과 약탈을 하도록 하여 그들을 꾀어낸 다음 매복시켜 놓았던 군사로 수백 명을 죽여버렸다. 또 가난한 백성으로서 바느질에 능한 자를 몰래 잠입시켜 도적들의 옷을 만드는데 고용시켜 소매에다 색실로 표를 해놓게 하여 이를 입은 도적이 시중으로 나오면 바로 잡아들였다. 그러자 도둑들은 놀라 흩어지고 말았다. 이리하여 고을 안이 모두 평온을 되찾게 되었다.

태후는 우후가 장수로서의 지략이 있음을 알고, 그를 무도武都 태수로 삼았다. 우후가 무도로 가려 하자 반기를 든 강인羌人 수천 명이 길을 막자 우후는 군사를 멈추고 나가지 못한 채 이렇게 선언하였다.

"구원병을 청해 놓으니 곧 그들이 도착하거든 떠나자."

강인은 이 말을 듣고 나뉘어 이웃 고을을 초략질하였다. 우후는 그들이 흩어진 틈을 타 밤낮으로 진군하면서 군사들로 하여금 각기 두 개씩의 아궁이를 만들되, 자고 난 다음날에는 하루 그 배가 되도록 하였다.

어떤 사람이 물었다.

"손빈孫臏은 하루씩 아궁이를 줄였는데 그대는 날로 아궁이를 늘리시며, 병법에 하루에 30리를 넘지 않는다고 하였는데 지금 하루에 2백 리를 행군하니 무슨 까닭입니까?"

우후가 말하였다.

"도적들은 수가 많고 우리 군사는 적다. 천천히 가면 그들이 뒤따라오기 쉽고, 빨리 가면 우리를 계산하지 못한다. 도적들이 아궁이가 날로 늘어나는 것을 보면 군郡의 병사가 우리를 맞으러 와 많아진 것이라 여기게 된다. 우리 군사가 늘어나 행군 속도가 빠르면, 틀림없이 우리를 추격하기를 꺼리게 될 것이다. 손빈은 적에게 약하게 보여 이겼지만 나는 지금 강하게 보여야 된다. 그 형세가 다르기 때문이다."

이윽고 도착하였더니 그 군의 병사 3천 명인데 강군羌軍은 만여 명이나 되는 것이었다. 적이 적정赤亭을 포위하여 수십 일이 되자 우후가 군사에 명하였다.

"강한 활을 쏘지 말라. 숨어서 작을 활로 쏘아라."

강병羌兵은 군병郡兵의 활 힘이 약하여 자신들에게 이르지 못한다고 여기고 군사를 모아 급히 공격해 왔다. 이에 2십 명의 강한 노弩를 시켜 함께 한 사람씩 표적으로 쏘게 하여 맞추지 못하는 것이 없었다. 강병들은 크게 놀랐고 우후는 이를 이용하여 성을 나서서 분격하였다.

이튿날, 그 병사들을 정돈하여 동쪽 성문으로 나가서 북쪽 성문으로 들어오도록 하되 그 때마다 옷을 갈아입도록 하였다. 이렇게 몇 바퀴를 돌자 강병들은 그 수를 알 수 없어 서로 두려워 동요하기 시작하였다.

우후는 몰래 얕은 물에 복병을 설치하고 그들의 퇴로를 기다렸다. 강병이 과연 달아나자 이를 틈타 엄호하고 들이쳐서 크게 깨뜨렸다. 도적들은 이로써 패하여 흩어지고 말았다.

鄧騭爲大將軍, 時邊軍多事, 鄧騭欲棄涼州幷力北邊.
郞中虞詡以爲不可, 曰:「關西出將, 關東出相, 烈士武夫, 多出涼州.」
衆皆從詡議, 騭惡虛欲陷之.
會朝歌賊攻殺長吏, 州郡不能禁.
以詡爲朝歌長, 故舊皆弔之, 詡曰:「不遇盤根錯節, 無以別利器.」
及到官募壯士, 攻刼者爲上, 傷人揄盜者次之, 收得百餘人, 使入賊中, 誘令刼掠, 伏兵殺數百人. 又潛遣貧人能縫者, 傭作賊衣, 以綵線縫其裾, 有出市里者, 輒禽之. 賊駭散, 縣境皆平.
太后知詡有將帥之略, 以爲武都太守.
叛羌數千遮詡, 詡停不進, 宣言:「請兵, 須到乃發.」
羌聞之分鈔傍懸. 詡因其散, 日夜進道, 令軍士各作兩竈, 日增倍之.
或曰:「孫臏減竈, 而君增之, 兵法日行不過三十里, 而今日且二百里, 何也?」
詡曰:「虜衆多, 吾兵少. 徐行易爲所及, 速進則彼不側. 虜見吾竈日增, 謂郡兵來迎. 衆多行速, 必憚追我. 孫臏見弱, 吾今示强, 勢不同也.」
旣到, 郡兵三千, 而羌萬餘. 攻圍赤亭數十日, 詡命:「强弩勿發, 潛發小弩.」
羌謂力弱不能至, 幷兵急攻. 於是使二十强弩, 共射一人, 發無不中. 羌大驚, 詡因出城奮擊.
明日悉陳其兵, 令從東郭門出, 北郭門入, 貿易衣服. 回轉數周, 羌不知其數, 相恐動. 詡潛於淺水設伏, 候其走路. 羌果大奔, 因掩擊大破之. 賊由是敗散.

【朝歌】 衛輝에 속하였던 읍 이름.
【募壯士云云】 賊으로 적을 유인하는 것으로 용병술이다.(以賊誘賊, 用兵之術也.
 −원주)
【武都】 鞏昌에 속하는 군으로 지금의 階州.
【陳】 '陣'과 같음.

328 태후가 죽고 등즐은 자살하다

태후太后가 죽고 등즐鄧騭은 파직되어 자살하였다.

○ 太后崩, 鄧騭罷自殺.

329 황헌黃憲과 진번陳蕃

여남汝南 태수太守 왕공王龔은 재능 있는 선비를 애호하여 원랑袁閬을 공조功曹에 삼았다. 원랑은 동향同鄉사람 황헌黃憲, 진번陳蕃 등을 추천하였는데 황헌의 아버지는 소를 고치는 수의獸醫였다.

황헌이 열네 살 때 영천潁川의 순숙荀淑이라는 사람을 숙소에서 만났다. 순숙은

〈郭泰(郭太, 林宗)〉《三才圖會》

그를 보고 기이하게 여겨 말하였다.
"그대는 나의 사표師表로다."
그리고 순숙이 원랑을 만났을 때는 이렇게 말하였다.
"그대 나라에는 안자顏子가 있소."
원랑이 말하였다.
"우리의 숙도淑度 황헌를 만나셨습니까?"
대량戴良은 재주가 높아 매번 황헌을 만나보고 돌아갈 때마다 망연히 마치 자실한 모습이었다. 그 어머니는 이렇게 말하였다.
"너는 또 우의牛醫의 아들과 놀다 왔구나?"
진번陳蕃 등도 서로 이렇게 말하였다.
"한 달만이라도 황헌을 만나지 못하면, 비루하고 인색한 마음의 싹이 다시 내 마음을 차지하고 있게 된다."
태원太原의 곽태郭泰는 원랑袁閬의 집을 지나면서 하룻밤도 자지 않지만, 황헌의 집에서는 며칠을 묵는 것이었다. 그러면서 이렇게 말하였다.
"봉고奉高의 그릇 됨은 비유컨대 작은 샘물과 같아 비록 맑기는 하나 퍼내기 쉽다. 그러나 숙도叔度는 왕왕汪汪하여 천경千頃의 물결과 같다.

맑게 하려 해도 맑게 할 수 없고, 휘저어도 흐려지지 않아 헤아릴 수 없다."

황헌은 처음에 효렴과孝廉科에 천거되었다가 다시 고을의 공부公府에 불려가자 사람들이 그 벼슬을 할 것을 권하기도 하였지만, 그는 잠시 경사에 이르렀다가 즉시 고향으로 돌아오고 말았다. 그리고 48살에 죽었다.

○ 汝南太守王襲, 好才愛士, 以袁閬爲功曹. 引進黃憲·陳蕃等, 憲父爲牛醫.

憲年十四, 潁川荀淑遇於逆旅, 竦然異之, 曰:「子吾之師表也.」

見閬曰:「子國有顔子.」

閬曰:「見吾叔度邪?」

戴良才高, 每見憲歸, 惘然若自失, 其母曰:「汝復從牛醫兒來邪?」

陳蕃等相謂曰:「時月之間, 不見黃生, 鄙吝之萌, 復存乎心矣.」

太原郭泰, 過閬不宿, 從憲累日, 曰:「奉高之器, 譬之汎濫, 雖淸而易把; 叔度汪汪, 若千頃陂. 澄之不淸, 撓之不濁, 不可量也.」

憲初擧孝廉, 又辟公府, 人勸其仕. 暫到京師, 卽還. 年四十八而終.

【汝南】 郡이름으로 三川 지역.
【功曹】 郡의 錄事를 功曹라 함.
【顔子】 공자의 제자 顔回를 말하며 여기서는 黃憲을 빗대어 말한 것.
【叔度】 黃憲의 字.
【太原】 山西에 속하던 府.

【奉高】袁閎의 字.
【氿濫】샘이 옆에서 흘러나오는 것을 궤(氿)라 하고 똑바로 흘러나오는 것을
濫이라 함.(泉側出曰氿, 正出曰濫. —원주)

330 사지四知

태위太尉 양진楊震이 자살하였다. 양진은 관서關西 사람으로 당시 사람들이 이렇게 칭할 정도였다.

"관서의 공자孔子 양백기楊白起."

그가 제자를 가르치고 있었는데, 어느 날 새가 세 마리의 전어를 물고 와 강당 아래에 앉는 것이었다. 도강都講이

〈양진(伯起)〉《三才圖會》

양진이 삼공三公이 될 징조라 여겨 이를 가져다 양진에게 바치며 말하였다.

"선생님께서는 이로부터 승진하실 것입니다."

그 후 양진은 한 때 동래東萊 태수가 된 적이 있었다. 어느 날 속읍의 현령이 황금을 품고 찾아와 건네 주며 이렇게 말하는 것이었다.

"깊은 밤중이라 아는 자가 없습니다."

양진은 이렇게 말하였다.

"하늘이 알고 땅이 알고, 그대가 알고 내가 아는데 어찌 아무도 모른다고 하는가?"

현령은 부끄러워하며 물러갔다.

그가 삼공三公이 되었을 때, 당시 환관과 황제의 유모 왕성王聖이 권세를 부리고 있었으며 모두가 양진에게 청탁하였지만 양진은 이러한 청을 받아 주지 않았다. 그리고 자주 임금 가까이 있는 자들에 익숙해 있는 일을 문제 삼아 따지곤 하자 이들이 함께 얽어 양진을 모함하였고, 이에 임금은 책策을 내려 그의 인수印綬를 거두었다.

드디어 양진의 장례 일이 되자 명사들이 모두 모여들었다. 그 때 높이 한 길이 넘는 큰 새가 날아와 부앙俯仰하면서 눈물을 흘리고는 날아가는 것이었다.

○ 太尉楊震自殺. 震關西人, 時人稱之曰:「關西孔子楊伯起.」
教授生徒, 堂下得三鱣.
都講以爲有三公之象, 取以進曰:「先生自此升矣.」
後嘗爲郡守. 屬邑令, 有懷金遺之者, 曰:「暮夜無知者.」
震曰:「天知地知, 子知我知, 何謂無知?」
令慚而退.
及爲三公, 時宦者及上乳母王聖用事, 皆有請託, 震不從. 又數以近習爲言, 共構之, 策收印綬. 遂死葬之日, 名士皆來會. 有大鳥高丈餘, 至墓前俯仰, 流涕而去.

【關西】長安의 서쪽 지역을 關西라 함.
【伯起】楊震의 字.
【鱣】물고기 이름. 두렁허리, 철갑상어.
【郡守】楊震이 일찍이 東萊郡守를 지낸 적이 있었음.
【邑令】昌邑의 縣令 王密을 가리킴.
【近習】서로 친하여 흉허물 없는 사이를 말함. 즉 환자 중에 樊豐, 周廣, 謝惲 등의 무리를 가리킴.(親近押習人也. 卽宦者, 樊豐, 周廣, 謝惲之輩. －원주)

331 안제安帝와 태자

(1) 안제安帝가 죽다

안제는 어릴 때부터 총명한 분이라 일컬어 왔으나 즉위한 뒤에는 덕을 잃는 일이 많았다. 재위 19년에 죽었으며(A.D.125) 연호를 다섯 번 고쳐 영초永初, 원초元初, 영녕永寧, 건광建光, 연광延光이라 하였다.

○ 上少號聰明, 旣卽位多失德. 在位十九年崩, 改元者五: 曰 永初·元初·永寧·建光·延光.

【濟陰】曹州에 세웠던 封侯國.

(2) 제음왕濟陰王이 대를 잇다

황태자는 전에 임금 측근의 참소를 입어 폐위되어 제음왕濟陰王이 되어 있었다. 염황후閻皇后가 조정에 임하여 염현閻顯과 더불어 장제章帝의 손자 북향후北鄕侯 의懿를 맞아 제위를 잇게 하였다.(A.D.125)
그러자 환관 손정孫程 등이 염현을 죽이고 염태후를 별궁으로 옮겨 놓고는 제음왕을 맞아 세웠다. 이가 효순황제孝順皇帝이다.

太子先爲近習所譖, 坐廢爲濟陰王. 閻皇后臨朝, 與閻顯迎章帝孫北鄕侯懿嗣位. 宦者孫程等, 誅顯遷閻后, 迎立濟陰王, 是爲孝順皇帝.

【懿】齊北王의 아들로 제위를 이은 해 10월에 죽었음.

7. 孝順皇帝

> ◎ 殤順帝. 東漢의 제8대 황제. 劉保. 126년~144년 재위.
> 제7대 황제는 少帝 劉懿이나 125년에 즉위하여 1년을 채우지
> 못하여 北鄕侯로 강등됨. 劉隆. 106년 1년간 재위.

332 효순황제孝順皇帝

효순황제孝順皇帝는 이름이 보劉保이며 손정孫程 등에 의해 세워졌다.
(A.D.126) 환관 중에 그 공에 의해 후侯에 봉해진 자가 19명이었다.

孝順皇帝:
名保, 爲孫程等所立, 宦官以功封侯者十九人.

【十九人】孫程, 王康, 王國, 黃龍, 彭愷, 孟叔, 李建, 王成, 張賢, 史汎, 馬國,
王道, 李元, 陽陀, 陳子, 趙封, 李剛, 魏猛, 苗光 등 19명을 가리킴.(원주)

333 하나를 듣고 열을 안다는데

상서령尙書令 좌웅左雄이 군국君國에 명하여 효렴孝廉을 추천할 때 나이 40이며 생도 중에, 장구章句에 능통하고 문서를 담당하는 관리로서 상주문上奏文에 능한 자라야 그 선발에 응할 수 있도록 제한할 것을 상주하였다.

그러나 뛰어난 재능과 기이한 능력 등이 안회顔回나 자기子奇와 같은 경우가 있다면 이는 나이에 얽매임이 없이 응할 수 있도록 하였다.

좌웅은 공평 정직하여 능히 남의 진위眞僞를 잘 알아보는 능력을 가지고 있어 그 뜻을 빠르게 실행하였다.

한 번은 어린 나이에 효렴으로 추천되어 올라온 자가 있었다. 좌웅이 그 소년에게 따져 물었다.

"안회는 하나를 듣고 열을 안다고 하였는데 너는 하나를 듣고 몇이나 알 수 있느냐?"

얼마 뒤 안팎으로 효렴 추천을 잘못하여 면직된 사람이 십여 명이나 되었다. 오직 여남汝南의 진번陳蕃, 영천潁川의 이응李膺, 하비下邳의 진구陳球 등 30여 명이 이 선발에 합격하여 낭중郞中에 임명되었다.

○ 尙書令左雄, 奏令郡國擧孝廉, 限年四十以上, 諸生通章句, 文吏能牋奏, 乃得應選. 其有茂材異等, 若顔淵子奇, 不拘年齒. 雄公直精明, 能審覈眞僞, 快志行之.

有擧少年至者, 雄詰之曰:「顔回聞一知十, 孝廉聞一知幾邪?」

頃之中外坐謬擧, 黜免者十餘人. 惟汝南陳蕃, 潁川李膺, 下邳陳球等, 三十餘人, 得拜郞中.

【子奇】尹吉甫의 아들로 효행으로 이름이 났던 고대 효자.
【至者】廣陵의 徐淑을 가리킴.

334 양기梁冀

(1) 시랑豺狼이 길을 막고 있으니

황후의 아버지 양상梁商을 대장군大將軍에 임명하였다. 그리고 양상이 죽고 나서는 아들 기冀를 대장군으로 삼았으며, 그 아우 불의不疑를 하남윤河南尹으로 삼았다.

그리고 사신 여덟 사람을 각 주군州郡에 나누어 파견하였다. 그 중 장강張綱은 유독 그 수레바퀴를 낙양洛陽 도정都亭에 묻어버리고는 이렇게 말하였다.

"시랑豺狼이 길을 막고 있는데 어찌 여우나 살쾡이를 조사할 수 있으랴?"

그리고 양기梁冀와 양불의梁不疑의, 임금을 임금으로 여기지 않는 마음 15가지를 들어 탄핵하였다. 황제도 장강의 말이 곧다는 것을 알았지만 이 건의를 받아들일 수 없었다. 양기는 장강을 중상하고자 하였는데 마침 광릉廣陵의 도둑 장영張嬰이 양주楊洲와 서주徐州 등지에서 10여 년 동안 난을 피우고 있어 이에 장강을 광릉 태수로 삼았다. 장강은 혼자서 수레 하나만 의지하여 지름길로 장영의 보루 문에 이르러 그와 만나기를 청하여 여러 가지 비유로 그를 깨우쳤다. 장영 등 1만여 명이 항복하자 장강은 그들의 보루로 들어가 주연을 베풀어주고는 그들을 흩어 각기 자신의 소임을 다하도록 보내주었다. 이리하여 남쪽 여러 주군州郡이 평온해졌다.

장강이 그 군에서 생을 마치자 장영張嬰등이 상복을 지어 입고 그의 장례를 치러주었다.

○ 以皇后父梁商爲大將軍, 商死, 以其子冀爲大將軍, 不疑爲河南尹.

遣使者八人, 分行州郡.

張綱獨埋其車輪於洛陽都亭曰:「豺狼當道, 安問狐狸?」

劾奏冀・不疑, 無君之心十五事. 上知綱言直, 而不能用. 冀欲中傷之, 廣陵賊張嬰, 寇亂揚徐閒十餘年, 乃以綱爲廣陵太守, 綱單車徑詣嬰壘門, 請與相見, 譬曉之. 嬰等萬餘人降, 綱入壘宴, 散遣任所之. 南州晏然. 在郡卒, 嬰等爲之制服行喪.

【不疑】梁冀의 아우.
【八人】杜喬, 周擧, 周栩, 馮羨, 欒巴, 張綱, 郭遵, 劉班 등 여덟 사람.(원주)
【劾】죄인을 추궁함을 핵이라 함.(推窮罪人曰劾. —원주)
【廣陵】淮東에 속하는 군으로 지금의 揚州府.
【揚】九州의 하나로 廣陵.
【徐】역시 구주의 하나이며 彭城.

(2) 나는 하늘이 둘이다

당시 2천 섬石의 지방 관리로서 능히 정치를 잘한 자가 있었다. 기주冀州 자사刺史 소장蘇章은 친구가 청하淸河 태수로 있었다. 소장이 군내를 시찰하다가 그곳에 이르자 태수는 이를 위해 술자리를 마련하여 심히 환영하였다. 그리고 태수는 즐거워하며 이렇게 말하였다.

"남은 하늘을 하나만 받들고 있는데 나는 하늘이 둘이다."

소장은 이렇게 말하였다.

"오늘 내가 옛 친구와 함께 술을 마시는 것은 사사로운 교제일 뿐, 내일 기주 자사로서 사안을 조사하는 것은 공적公的인 법이다."
드디어 그가 법을 범하여 뇌물을 받은 죄를 밝혀 그를 검거하였다.

時二千石長吏, 有能政者. 冀州刺史蘇章, 有故人爲淸河太守.
章行部, 爲設酒, 甚歡, 守喜曰:「人皆有一天, 我獨有二天.」
章曰:「今日蘇孺文, 與故人飮者, 私恩也;明日冀州刺吏, 案事者, 公法也.」
遂擧正其姦贓之罪.

【淸河】河東에 속하는 군으로 지금의 恩州.
【行部】군과 읍을 순시함을 말함.(巡案郡邑曰行部. －원주)
【二天】소장이 또 하나의 하늘이 되어 나를 보호해주고 있다는 뜻.(言蘇章又其一天也. －원주)
【孺文】蘇章의 字.

335 순제順帝가 죽다

황제가 재위 20년에 죽었다.(A.D.144) 연호를 다섯 번 고쳤으니 영건永建, 양가陽嘉, 영화永和, 한안漢安, 건강健康들이었다. 태자가 즉위하니 이가 효충황제孝沖皇帝이다.(A.D.145)

○ 上在位二十年, 崩. 改元者五: 曰永建·陽嘉·永和·漢安·建康. 太子立, 是爲孝沖皇帝.

【永建】 즉위 2년에 연호를 고침.
【沖】 어리고 치졸함을 沖(冲)이라 함.(幼稚曰沖. -원수)

8. 孝沖皇帝

> ◎ 沖帝(沖帝). 東漢의 제9대 황제.
> 劉炳. 145년 1년간 재위.

336 효충황제孝沖皇帝

효충황제孝沖皇帝는 이름이 병劉炳이며 두 살에 즉위하여 석 달을 넘기고 죽었다. 연호를 고쳐 영가永嘉라 하였다. 양태후梁太后가 발해효왕渤海孝王의 아들을 맞아들여 즉위시켰다. 이가 효질황제孝質皇帝이다.(A.D.146)

孝沖皇帝:
　名炳. 年二歲卽位, 三閱月而崩. 改元者一: 曰永嘉. 梁太后迎立渤海孝王之子, 是爲孝質皇帝.

【渤海】濱州에 세웠던 封侯國.

9. 孝質皇帝

> 質帝. 東漢의 제10대 황제.
> 劉纘. 146년 1년간 재위.

337 효질황제 孝質皇帝

효질황제는 이름은 찬劉纘이며 장제章帝의 증손이다. 나이 여덟에 즉위하였다.(A.D.146) 어릴 때부터 총명하여 일찍이 조회를 열면서 양기 梁冀를 지목하여 이렇게 말하였다.

"이는 발호장군跋扈將軍이다."

양기는 이를 깊이 미워하여 근신으로 하여금 탕병湯餠에 독약을 넣도록 하여 이를 바쳐 드디어 죽고 말았다. 재위 1년 반이었으며, 연호를 본초本初라 하였다. 양기는 여오후蠡吾侯를 맞이하여 세웠는데 이가 효환황제孝桓皇帝이다.

孝質皇帝:

名纘, 章帝曾孫也. 年八歲卽位. 少而聰慧, 嘗因朝會, 目梁冀曰: 「此跋扈將軍也.」

冀深惡之, 使左右於餠中進毒, 遂崩. 在位一年有半, 改元一, 曰本初. 冀迎立蠡吾侯, 是爲孝桓皇帝.

【曾】玄孫이어야 함. 한나라 혈통에 의하면 장제가 伉을 낳고 항이 寵을 낳았으며 총이 鴻을 낳고 홍이 質帝를 낳았음.(當作玄. 案: 漢系, 章帝生伉, 伉生寵, 寵生鴻, 鴻生質帝. —원주)

【跋扈】跋은 跳와 같으며 扈는 竹籬. 물에 있는 물고기 등이 물이 닿기 전에 대나무 통발을 쳐두어 고기가 들어가기를 기다렸다가 물이 빠져나간 다음이면 작은 고기는 갇혀 있지만 큰 물고기는 그 통발을 뛰어넘어 도망감을 비유함.(跋, 跳也; 扈, 竹籬也. 謂水居者, 於水未至, 作竹籬, 以候魚入, 水退小魚獨留, 大者跋扈而出, 故以爲喩. —원주)

【惡】'오'로 읽음.
【本初】즉위 2년에 연호를 고침.
【蠡吾】蠡州에 세웠던 봉후국.

10. 孝桓皇帝

> 桓帝. 東漢의 제11대 황제.
> 劉志. 147년~167년 재위.

338 효환황제孝桓皇帝

효환황제孝桓皇帝는 이름이 지劉志이며 장제章帝의 증손이다. 열다섯 살에 즉위하였다.(A.D.147) 양기梁冀는 그를 세운 공으로 봉토가 더욱 많아졌으며, 그의 자제들도 모두 후侯가 되었다. 이고李固와 두교杜喬는 청하왕淸河王 산蒜을 세우려 하였었는데, 이때에 이르러 산이 후侯로 강등되어 자살하자, 이고와 두교는 투옥되어 죽었다.

孝桓皇帝:
名志, 章帝曾孫也. 年十五卽位. 梁冀以定策功益封, 又封其子弟皆侯. 李固・杜喬欲立淸河王蒜, 至是蒜貶爲侯自殺, 固喬下獄死.

【曾孫】章帝가 開을 낳고 開이 翼을 낳았으며 翼이 桓帝를 낳음.
【益封】梁冀는 萬二千戶를 더하여 봉을 받았음.
【皆侯】梁冀의 아우不疑는 潁陽侯에 봉해졌으며, 梁蒙은 西平侯에, 梁胤은 襄邑侯에 각각 봉해짐.
【自殺】蒜이 尉氏侯로 폄하되었다가 얼마 후 다시 桂陽侯로 옮겨지자 自殺함.

339 순숙荀淑과 진식陳寔

(1) 순씨팔룡荀氏八龍

그 전에 낭릉후郞陵侯의 재상이었던 영천潁川의 순숙荀淑은, 젊었을 때 박학하고 행동이 높아 이고李固와 이응李膺 등은 모두 그를 스승으로 받들어 모시고 있었다.

순숙이 낭릉후의 재상으로 있을 때 그를 두고 신과 같은 인물이라 칭하였으며, 아들이 여덟이 있었는데 당시 사람들이 그들을 팔룡八龍이라 불렀다. 그 중에서 여섯째가 순상荀爽이며 자가 자명慈明이었다.

사람들은 그를 두고 이렇게 말하였다.

"순씨 여덟 용 중에 자명과 쌍을 이룰 자가 없다."

이리하여 순숙이 살고 있는 곳을 고양리高陽里라 부르도록 하였다.

순상이 일찍이 이응李膺을 찾아뵙고 그의 마부馬夫가 되어 수레를 몰고는 이윽고 집에 돌아와 이렇게 기뻐하였다.

"오늘은 드디어 이응을 위해 수레를 몰아주었다."

○ 前朗陵侯相潁川荀淑, 少博學, 有高行. 李固·李膺等, 皆師宗之.

相朗陵, 治稱神君, 子八人, 時人稱爲八龍.

其六曰爽, 字慈明. 人言:「荀氏八龍, 慈明無雙.」

縣令命其里, 曰高陽里. 爽嘗謁李膺, 因爲之御, 旣還喜曰:「今日乃得御李君矣.」

【朗陵】이 읍은 汝寧에 있음.
【八人】荀儉, 荀緄, 荀靖, 荀燾, 荀汪, 荀爽, 荀肅, 荀專을 가리킴.
【縣令】당시 潁陰縣의 현령은 菀康이었음.
【高陽里】高陽氏의 才子 여덟 사람을 칭송하여 지명을 삼은 것.

⑵ 5백 리 안에 현인이 모두 모였다

순숙과 같은 군郡의 사람으로 진식陳寔은 순숙과 이름을 나란히 하고 있었다. 진식이 일찍이 순숙을 찾아갈 때 진식의 맏아들 진기陳紀는 자가 원방元方이었는데 아버지의 수레를 몰았고, 둘째아들 심諶은 자가 계방季方으로 함께 타고 갔으며, 손자 진군陳羣은 자가 장문長文으로 아직 어려 수레 안에서 안긴 채 있었다. 그런데 순숙의 집에 이르자 여덟 아들이 번갈아 가며 좌우에서 모시는 것이었다.

순숙의 손자 순욱荀彧은 자가 문약文若으로 아직 어린 나이로 순숙의 무릎 위에 안겨 있었다.

이에 태사太史가 임금에게 상주하였다.

"덕성德星이 나타났습니다. 서울에서 5백 리 안에 현인이 모여 있을 것입니다."

同郡陳寔與淑齊名. 嘗詣淑, 長子紀字元方, 御車, 次子諶字季方, 驂乘, 孫羣字長文, 尙幼, 抱車中. 至淑家, 八龍更迭侍左右. 淑孫彧字文若, 尙幼, 抱置膝上.

太史奏:「德星見, 五百里內有賢人聚.」

(3) 난형난제難兄難弟

진식은 일찍이 태구大丘, 太丘의 수령이 되어 덕을 닦아 청렴결백하였다. 그곳 관리와 백성은 진식을 그리워하였다.
　어느 날 맏아들 기紀의 아들과 둘째아들 심諶의 아들 둘이 자신들 아버지의 우열을 그 할아버지에게 여쭙자, 진식은 이렇게 말하였다.
　"원방元方은 형 되기 어렵고 계방季方은 아우 되기 어렵다."

　寔嘗爲大丘長, 修德淸淨, 吏民追思之.
　紀諶之子, 問其父優劣於其祖, 寔曰:「元方難爲兄, 季方難爲弟.」

【大丘】毫州에 속하는 읍 이름.《世說新語》등에는 모두 '太丘'로 되어 있음.

340 최식崔寔의 정론政論

조서를 내려 독행獨行의 선비를 추천토록 하여 탁군涿郡의 최식崔寔이 추천되어 공거부公車府에까지 왔다. 그러나 책策에 응하지 아니하고 물러나 정론政論을 저술하였는데 대략 다음과 같다.

"성인은 세상의 추이에 따르는데 속된 선비는 그 변화를 모른 채 괴로워하고 있다. 결승結繩의 약속 정도로 진秦나라의 난세를 다스려 내는데 실마리로 삼을 수 있다고 여기며, 간우干羽 정도로 고조高祖가 흉노匈奴에게 포위되었던 평성平城을 풀 수 있을 것이라 여긴다. 무릇 형벌이란 치란의 약석藥石이요, 덕교德敎란 태평을 일으키는 양육이다. 덕교로써 잔악함을 제거하나니 이는 양육으로 병을 고치는 것과 같고, 형벌로써 천하태평을 다스리니 이는 약석藥石으로 몸을 보양함과 같다.

우리 몇 세 이래로 정치에 은혜와 용서를 너무 많이 베풀었으니 이는 그 고삐를 맡겨 놓고, 그 재갈을 풀어놓아 마부가 고삐를 놓아 네 필 수말이 제대로 날뛰는 꼴이다. 이리하여 수레가 위험해지고 기울고 말았으니 바야흐로 고삐와 재갈을 바로 당겨 말은 재갈을 벗고 네 마리가 제각기 딴 길로 들어가서, 수레가 기울어져 엎으러지는 것과 같다. 지금 당장 고삐와 멍에를 죄어 이를 구해야 하나니 어찌 화란和鑾을 울려 청절한 연주로 이를 바르게 할 겨를이 있겠는가!

옛날, 문제文帝가 비록 육형을 없앴으나 그래도 참형에 해당하는 자는 오른발을 베에 기시하였고, 태형笞刑에 해당하는 자도 왕왕 죽음에 이르는 경우가 있었다. 이는 문제가 엄격함으로 태평을 이룬 것이지 관용만으로 태평을 이룬 것은 아니다."

중장통仲長統이 그 글을 보고 이렇게 말하였다.

"무릇 남의 군주가 된 자라면 의당 이를 한 통 베껴 앉은자리 곁에 두고 보아야한다."

○ 詔擧獨行之士, 涿郡崔寔至公車, 不對策, 退而著政論, 略曰:
「聖人能與世推移, 俗士苦不知變. 以爲結繩之約, 可復治亂秦之緒, 干羽之舞, 可以解平城之圍. 夫刑罰者, 治亂之藥石也; 德教者, 興平之粱肉也. 以德教除殘, 是以粱肉治疾也; 以刑罰治平, 是以藥石供養也. 自數世以來, 政多恩貸, 馭委其轡, 馬駘其銜, 四牡橫犇, 皇路險傾, 方將拑勒鞿靮, 以救之, 豈暇鳴和鑾淸節奏哉! 昔文帝雖除肉刑, 當斬右趾棄市, 笞者往往至死. 是文帝以嚴致平, 非以寬致平也.」

仲長統見其書曰:「凡爲人主, 宜寫一通, 置之坐側.」

【獨行】탁월하고 기이함을 뜻함.(卓異爲獨. —원주)
【涿郡】涿鹿.
【公車】章奏文을 접수하는 곳.
【馭】'御'와 같음.
【委】'棄'와 같음.
【駘其銜】말에게 물린 쇠로 만든 재갈.
【皇路】輅車를 뜻함.
【拑勒】말에게 고삐를 맴.
【鞿靮】수레 언치를 얹음.
【和鑾】둘 모두 방울을 뜻함. 軾에 다는 방울을 和라 하며, 銜에 다는 것을 鑾이라 함. 수레가 움직이면 和鈴이 울리고 이 鑾鈴이 응함. 이는 마부가 그 고삐를 놓치고 말이 그 재갈을 이탈하면 네 필 말은 마구 달아나 수레가 엎어지니 바야흐로 그 勒만 잡고 그 靮만 묶으면 그 화란의 절조를 잃게 됨을 말한 것임. (皆鈴也. 和在軾, 鑾在銜. 車行則和鳴而鑾應也. 言御者旣棄其轡, 馬脫其銜, 則四牡橫犇而輅車傾敗, 方且拑持其勒, 鞿束其靮而已, 失其和鑾之節矣. —원주)
【仲長統】仲長은 성이며 統은 이름.

341 주목朱穆이 자사가 되자 관리들이 도망가다

주목朱穆이 기주冀州 자사가 되자 그곳의 영장令長들이 분위기를 보고는 관인을 풀어 던지고 달아난 자가 수십 명이나 되었다. 주목은 임지에 이르자 탐관오리를 탄핵하여 글을 올렸다.

어떤 환관이 고향에 와서 아버지의 장례를 치르면서 옥갑玉匣을 사용하였다. 주목은 그 사실을 다시 검사하여 그 관을 열고 이를 꺼냈다.

황제가 듣고 크게 노하여, 주목을 소환하여 정위廷尉에게 넘겼다. 그러자 태학생 유도劉陶 등 수천 명이 상소하여 주목의 무죄를 호소하였다. "중급 관리인 환관이 나라의 실권을 훔쳐 손에는 왕후王侯의 작위를 쥐고, 입에는 천자의 헌법憲法을 물고 있는데 주목만이 항연亢然히 앞뒤를 돌아보지 아니하고 마음을 다하여 나라를 근심하며 임금을 위해 깊은 계책을 마련한 것입니다. 저희들이 주목을 대신하여 죄를 받겠습니다."

황제가 그를 사면해 주었다. 유도는 뒤에 다시 상서하여, 주목과 이응李膺을 왕실의 보좌로 삼을 것을 애청하였으나 글이 올라가고 나서도 이를 살핌이 없었다.

○ 朱穆爲冀州刺史, 令長望風, 解印去者數十人. 及到奏劾貪汚. 有宦者歸葬父用玉匣, 穆案驗, 剖其棺出之. 上聞大怒, 徵穆詣廷尉, 太學生劉陶等數千人.

上書訟穆, 謂:「中官竊持國柄, 手握王爵, 口銜天憲, 穆獨亢然不顧, 竭心懷憂, 爲上深計. 臣願代穆罪.」

上赦之. 陶又上疏乞以穆及李膺輔王室. 書奏不省.

【宦者】趙忠을 가리킴.

342 양기梁冀를 처단하다

양기梁冀의 흉포함과 제멋대로 함이 날로 심해져 외척으로서 정치를 전횡한 지가 20년에 이르렀다. 그 위엄이 내외에 떨쳐 천자는 팔짱만 끼고 있을 수밖에 없었다.

환제桓帝는 환관 선초單超 등과 논의하여 군대의 힘을 빌려 양기의 인수印綬를 회수하였다. 양기는 자살하였고, 양씨 집안은 노소에 관계없이 모두 기시를 당하였으며, 선초 등 다섯 사람은 모두 후가 되었다.

양기가 주벌당하고부터 천하는 그와 다른 정치가 있을 것이라 희망을 하였으며 이에 황경黃瓊이 우선 먼저 태위太尉가 되었다.

○ 梁冀凶恣日積, 以外戚用事者二十年. 威行內外, 天子拱手而已. 上與宦者單超等謀, 勒兵收冀印綬, 冀自殺. 梁氏無少長皆棄市, 超等五人皆侯. 自冀誅, 天下想望異政, 黃瓊首爲太尉.

【單】'선'으로 읽음.
【五人】單超, 徐璜, 具瑗, 左悺, 唐衡을 가리킴.

343 당시의 멋진 인물들

(1) 닭 한 마리로 조문

진번陳蕃이 처사 서치徐穉와 강굉姜肱 등을 추천하였다. 서치는 자字가 유자孺子였으며 예장豫章 사람이다.

진번이 그곳 태수였을 때 특별히 자리 하나를 마련해 놓고 서치를 대우하였는데 서치가 다녀가고 나면 이 자리를 매달아 놓았다. 서치는 어떤 공의 자리로 불러도 응하지 않았다. 그런데 진번이 죽었다는 말을 듣자 곧바로 책 상자를 짊어지고 달려가 조문하였다. 서치는 미리 닭을 한 마리 굽고 술을 솜에 적셔 이를 말려 싸 가지고 진번의 무덤 밖에 도착하자 솜을 물에 적신 다음 흰 띠 풀을 자리로 깔고 위에 밥을 차리고 그 닭을 앞에 놓았다. 제사가 끝나자 명함 알자에게 통고만 남겨 놓은 채 상주는 만나보지도 않고 자리를 떠버렸다.

○陳蕃薦處士徐穉・姜肱等. 穉字孺子, 豫章人. 陳蕃爲守時, 特設一榻以待穉, 去則縣之. 穉不應諸公之辟. 然聞其死, 輒負笈赴弔. 豫炙一雞, 以酒漬綿, 暴乾裹之, 到冢隧外. 以水漬綿, 白茅藉飯, 以雞置前. 祭畢留謁, 不見喪主而行.

【榻】앉는 자리나 잠자리의 침상을 뜻함.
【縣】'懸'과 같음.
【笈】책을 담는 상자.(書箱也. -원주)
【留謁】종자만 남겨두어 상주에게 알리도록 하고 자신은 상주를 만나보지 아니한 채 떠나 버림.(留從者, 謁告喪主而已, 不見而行也. -원주)

(2) 처사 강굉姜肱

처사 강굉姜肱은 팽성彭城 사람으로 두 아우 중해仲海, 계강季江과 함께 효성과 우애가 있어 늘 한 이불을 덮었다. 일찍이 도적을 만나자 형제가 서로 자기가 먼저 죽겠다고 다투었다. 도적은 결국 두 사람을 모두 풀어주었다. 조정에서 서치와 강굉을 불렀으나 모두가 가지 않았다.

肱彭城人, 與二弟仲海·季江俱孝友, 常共被. 嘗遇盜. 兄弟爭死. 盜兩釋之. 穉肱被徵. 皆不至.

(3) 서치徐穉

황경黃瓊이 죽자 사방에서 그 장례에 모여든 명사名士들이 7천 명이나 되었다. 서치도 그곳에 이르러 술잔을 올리고 슬피 곡을 하고는 그 무덤 앞에 생풀 꼴을 놓고는 떠나 버렸다. 여러 명사들이 이를 보고 말하였다.
"이는 틀림없이 남주南州의 고사 서유자徐孺子, 徐穉이리라."

〈서치(孺子)〉《三才圖會》

그리고는 진류陳留 사람 묘용茆蓉으로 하여금 뒤쫓아가서 그에게 국사를 질문하도록 하였으나 서치는 아무 대답도 하지 않았다.

태원太原의 곽태郭泰는 이렇게 말하였다.
"서치가 국사에 대하여 대꾸하지 않은 것은 이것이 바로 '어리석어 미치지 못함'이라는 것이다."

黃璃卒, 四方名士, 會葬者七千人. 穉至. 進爵哀哭. 置生芻墓前而去. 諸名士曰:「此必南州高士徐孺子也.」
使陳留茆容追之, 問國事, 不答.
太原郭泰曰:「孺子不答國事. 是其愚不可及也.」

⑷ 신선 같은 두 사람

곽태郭泰가 처음 낙양洛陽에 유학하여 이응李膺과 친구가 되었다. 이응이 일찍이 고향으로 돌아갈 때 그를 전송하는 수레가 수천 량이나 되었지만 이응은 오직 곽태만을 더불어 한 배를 타고 강을 건너갔다. 전송 나온 많은 빈객賓客들이 이를 바라보니 두 사람은 마치 신선과 같았다.

泰初游洛陽, 李膺與爲友. 膺嘗歸鄕里, 送車數千兩. 膺惟與泰同舟而濟, 衆賓望之者, 如神仙焉.

(5) 묘용茆蓉

묘용茆蓉은 나이 40이 넘도록 들에서 농사를 짓고 있었다. 어느 날 비를 만나 나무 아래에서 비를 피할 때, 모두가 다리를 뻗고 앉아 있었으나 묘용만은 오뚝이 앉아 더욱 예를 잃지 않고 있었다. 곽태가 이를 보고 기이하게 여겨 드디어 그로 하여금 공부를 하도록 권하였다.

容年四十餘, 畊於野. 遇雨避樹下, 衆皆箕踞, 容獨危坐愈恭. 泰見而異之, 遂勸令學.

【箕踞】두 다리를 쭉 펴고 편안히 앉은 모습. 쌍성연면어.

(6) 깨진 시루는 돌아보지 않는다

거록鉅鹿의 맹민孟敏이라는 자가 시루를 짊어지고 가다가 그만 이를 땅에 떨어뜨리자 뒤도 돌아보지 아니하고 가는 것이었다. 곽태가 이를 보고 물었더니 그는 이렇게 말하였다.
"시루는 이미 깨어졌소. 이를 살펴본들 무슨 이익이 있겠소?"
곽태는 역시 맹민에게 공부하기를 권하였다.
그 나머지도 곽태의 권면과 장려에 의해 이름을 이룬 자가 심히 많았다.
곽태는 일찍이 유도과有道科에 천거되었으나 나가지 않으면서 이렇게 말하였다.
"나는 밤에는 하늘의 상象을 보고 낮이면 인사人事를 행하고 있는데, 하늘이 버린 것은 지탱해 낼 수가 없다."

鉅鹿孟敏, 荷甑墮地, 不顧而去.
泰見問之, 曰:「甑已破矣. 視之何益?」
泰亦勸令學. 自餘因泰獎進成名者甚衆.
泰擧有道不就, 曰:「吾夜觀乾象, 晝察人事, 天之所廢, 不可支也.」

(7) 구향仇香

진류陳留이 구향仇香은 이름이 남覽이었는데 나이 40에 포정장蒲亭長이 되었다. 그곳 백성으로 진원陳元이라는 자가 있어 그의 어머니가 진원의 불효不孝함을 구향에게 호소해 왔다. 구향은 친히 그의 집을 찾아가 진원에게 인륜을 가르쳐 진원은 감동하고 깨달아 마침내 효자가 되었다. 고성考城의 현령 왕환王奐이 이에 구향을 주부主簿로 삼고 이렇게 말하였다.
"진원을 처벌하지 않고 교화시켰으나 약간 응전鷹鸇의 뜻을 놓친 것은 아닐는지요?"
구향이 이렇게 대답하였다.
"응전으로 하는 것은 난봉鸞鳳을 함만 못합니다."
왕환이 말하였다.
"가시덤불은 난봉이 깃들 수 없으며, 백리百里는 대현大賢의 걸을 길이 아니지요."
이에 왕환은 구향에게 여비를 주어 태학太學에 입학시켜 주었다.
구향은 대학에서도 항상 자신을 지켜나갔다. 곽태가 그가 사는 집을 찾아가 만나보고는 일어나 침상 아래에서 절하며 이렇게 말하였다.
"그대는 나의 스승이오."
구향은 끝내 부름에 응하지 아니하고 평민으로 죽었다.

陳留仇香, 名覽, 年四十, 爲蒲亭長. 民有陳元, 母告元不孝. 香親到其家, 爲陳人倫, 感悟卒爲孝子.
　考城令王奐, 署香爲主簿, 謂曰:「陳元不罰而化之, 得無少鷹鸇之志邪?」
　香曰:「以爲鷹鸇不若鸞鳳.」
　奐曰:「枳棘非鸞鳳所栖, 百里非大賢之路.」
　乃資香入太學.
　常自守. 泰就房見之, 起拜床下曰:「君泰之師也.」
　不應徵辟而卒.

【蒲亭邑】汴梁에 속하는 읍 이름.
【考城】睢州에 속하는 현 이름.
【主簿】현의 비위를 규정하고 감독하는 직책.(官主糾正縣治非違. —원주)
【枳】탱자의 일종.
【常自守】聞達을 구하지 않음.
【不應徵辟】仇香은 학문을 마치자 벼슬하지 아니하고 집으로 돌아와 생을 마침.
　(香學旣畢, 不仕歸卒于家. —원주)

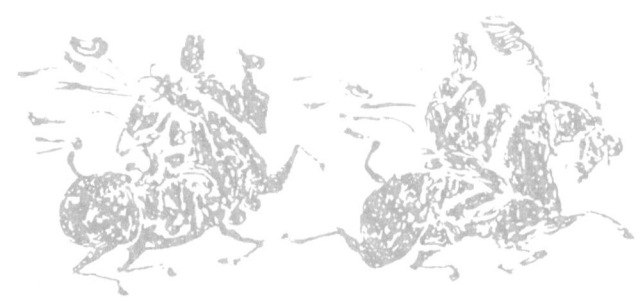

344 당시의 삼공三公들

(1) 양병楊秉, 유총劉寵

황경黃瓊 이래로 삼공으로서 이를테면 양병楊秉, 유총劉寵이 들어섰는데 모두 명망이 있었다.

유총이 일찍이 회계會稽 태수로 군이 크게 다스려져서 부름을 받아 조정으로 오고 있었다. 그 때 대여섯 늙은이들이 산골짜기에서 나와 각기 백문百文씩 전별금餞別金으로 가지고 와서 전송하면서 말하였다.

"명부明府께서 부임하고부터는 밤에 개 짖는 소리가 들리지 않았으며, 백성은 관리를 보지 않아도 되었습니다. 지금 우리를 버리고 떠나가신다는 말을 듣고 그 때문에 늙은 몸을 부지하여 보내드리려 왔습니다."

유총이 말하였다.

"나의 정치가 어찌 공들의 말씀에 미치겠습니까? 노인장들을 노고롭게 해드렸을 뿐입니다."

그리고는 그 중 한 사람만 골라 그가 가진 대전大錢 한 푼만 받았다. 뒤에 그는 사공司空이 되었다.

양병楊秉은 조정에서 엄정하고 곧았다. 그가 하남윤河南尹이었을 때 환관의 미움을 사서 죄를 뒤집어쓰기도 하였지만 뒤에 태위太尉가 되었다가 죽었다.

○ 自黃瓊以來, 三公如楊秉・劉寵, 皆人望. 寵嘗守會稽, 郡大治, 被徵. 有五六老叟, 自出谷閒出, 人齎百錢送之曰:「明府下車以來, 狗不夜吠, 民不見吏. 今聞當見棄去, 故自扶奉送.」

寵曰:「吾政何能及公言邪? 勤苦父老.」

爲人選一大錢受之. 後入爲司空. 秉立朝正直. 爲河南尹, 時嘗以忤宦官得罪, 後爲太尉以卒.

【被徵】《通鑑》에 의하면 그는 太匠으로 부름을 받았음.(通鑑: 徵爲將作太匠. —원주)

(2) 등용문登龍門

진번陳蕃이 양병의 뒤를 이어 태위가 되었다. 그는 자주 이응李膺을 거론하여 그를 사례교위司隷校尉로 삼았다. 그러자 환관들은 이를 두려워하여, 모두가 그에게 국궁鞠躬하며 숨을 죽이며 감히 궁성 밖으로 나가 말을 퍼뜨리는 일이 없게 되었다.

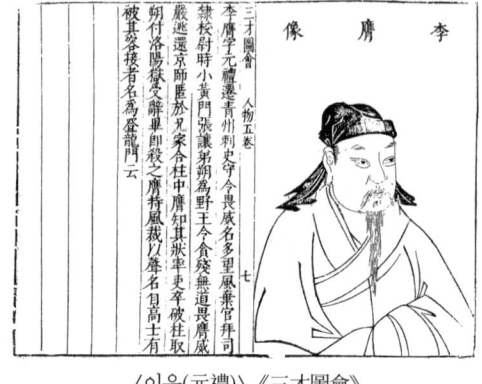

〈이응(元禮)〉《三才圖會》

당시 조정의 기강은 무너지고 느슨했었으나 이응만은 홀로 기풍과 결단을 지켜내어 그 명성이 이로부터 높아지기 시작하였다.

당시 사람들로서 그로부터 접견을 허락 받은 자는 모두 용문龍門에 올랐다고 이름을 부를 정도였다.

陳蕃繼秉爲太尉. 數言李膺, 以爲司隷校尉. 宦官畏之, 皆鞠躬屛氣, 不敢出宮省. 時朝廷綱紀頹弛, 膺獨持風裁, 以聲名自尙. 士有被其容接者, 名爲登龍門云.

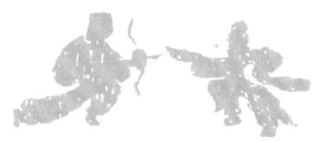

【登龍門】 당시 李膺(元禮. 110~169)은 사람의 품평을 정확히 하여 그에게 인정을 받은 자는 그 성가를 인정받아 이응을 만나는 것을 곧 '용문에 오르는 것과 같다'고 여겼음.(《世說新語》)

345 부들 채찍

유관劉寬을 상서령尙書令으로 삼았다. 유관은 세 군郡의 벼슬을 역임하였으며 인자하고 너그러워 관리나 백성에게 잘못이 있으면 부들 채찍으로 쳐서 이를 벌하였다.

○ 以劉寬爲尙書令. 寬嘗歷典三郡, 多仁恕, 吏民有過, 以蒲鞭罰之.

【三郡】유관은 司州內史에서 東海太守로 승진하였다가 다시 南陽太守가 되었었음.

346 환제桓帝 때의 사건들

(1) 주복周福과 방식房植

처음 환제桓帝가 아직 후侯로 있을 때 감릉甘陵의 주복周福에게 글을 배웠다. 제위에 오르자 그를 발탁하여 상서尙書로 삼았다. 당시 같은 군에 방식房植이라는 자가 있어 명망이 높았다. 고을 사람들이 그를 두고 이렇게 노래하였다.
"천하의 모범은 방백무房伯武인데, 천자의 스승이라 하여 인수印綬를 얻은 자는 주중진周仲進일세."
이에 두 집안 빈객들이 서로 기롱하여 틈이 벌어지고 말았다. 이로부터 감릉이 남북으로 나뉘었다. 당쟁 싸움은 여기서부터 시작된 것이다.

○ 初上爲侯時, 受學於甘陵周福. 及卽位, 擢爲尙書. 時同郡房植有名.
鄕人謠曰:『天下規矩房伯武. 因師獲印周仲進.』
二家賓客, 互相譏揣成隙.
由是有甘陵南北部, 黨人之議始此.

【伯武】房植의 字.
【仲進】周福의 字.

(2) 휘파람만 부네

여남汝南 태수 종자宗資는 범방范滂을 공조功曹로 삼았고, 남양南陽 태수 성진成瑨은 잠질岑晊을 공조로 삼았는데, 모두가 선善을 포상하고 잘못을 바로잡았다. 범방은 더욱 강하고 질려 악惡을 미워하기를 원수 여기듯 하였다. 이 두 군에는 이런 노래가 퍼졌다.

〈범방(孟博)〉《三才圖會》

"여남 태수 범맹박范孟博의
남양 출신 종자宗資가 획책과 허락을 도맡아하고,
남양의 태수 잠공효岑公孝의
홍농弘農 출신 성진成瑨은 그저 앉아서 휘파람만 부네."

汝南太守宗資, 以范滂爲功曹; 南陽太守成瑨, 以岑晊爲功曹, 皆襃善糾違. 滂尤剛勁, 疾惡如讐.
二郡謠曰:『汝南太守孟博, 南陽宗資主畫諾. 南陽太守岑公孝, 弘農成瑨但坐嘯.』

【汝南太守范孟博】孟博은 范滂의 字.
【公孝】岑晊의 字.

(3) 서로 추천하는 풍조

당시 태학의 학생 수가 3만여 명이나 되었었다. 곽태郭泰와 가표賈彪가 가장 뛰어났는데 두 사람이 특히 뛰어났으며, 조정에는 진번陳蕃과 이응李膺이 있어 서로 돌아가며 추천하고 존중하였다. 이에 태학에는 이런 말이 있었다.

"천하의 모범은 이원례李元禮요, 그 어떤 강한 자도 두려워하지 않는 자는 진중거陳仲擧로다."

이에 안팎이 이러한 기풍을 이어받아 다투어 장부臧否를 숭상하게 되었다.

太學諸生三萬餘人. 郭泰・賈彪爲之冠. 與陳蕃・李膺. 更相推重.

學中語曰:「天下模楷李元禮, 不畏强禦陳仲擧.」

於是中外承風, 競以臧否相尙.

【元禮】李膺의 字.
【仲擧】陳蕃의 字.
【臧否】남의 선함을 말하는 것을 臧이라 하고, 남의 악함을 드러내어 말하는 것을 否라 함.(言人善曰臧, 言人惡曰否. -원주)

(4) 조정의 정치를 비방한 죄

　마침 성진成瑨과 태원太原 태수 유질劉瓆은 대사면大赦 이후 사안에 따라 환관의 무리를 죽여버렸다. 임금이 이를 불러 옥에 가두고 기시의 형을 처하려 하였다.
　그리고 산양山陽 태수 적초翟超는 장검張儉을 독우督郵로 삼아 환관이 제도를 넘어 지은 묘나 집을 부수어 버리도록 하였다. 동해왕東海王의 재상 황부黃浮 역시 환관의 가족으로서 법을 범한 자를 잡아 처형하였다. 환관들이 모두 억울함을 호소하여 이 두 사람은 죄를 뒤집어쓰고 말았다.
　진번陳蕃은 누차 이를 간쟁하였으나 환제는 듣지 않았다. 환관들은 남을 시켜 글을 올려 이응을 참소하였다.
　"태학의 유사들을 길러 함께 부당部黨을 꾸며, 조정의 정치를 비방하고 풍속을 현혹시키고 있습니다."
　환제는 크게 노하여 군국郡國에 영을 내려 당인黨人을 체포하도록 하였다. 그 문안이 삼공부三公府를 경유하게 되었는데 진번이 이를 부결하여 서명하기를 거부하였다. 그러자 환제는 더욱 더 노하여 이응 등을 북사北寺의 옥에 가두었다.
　그 문서에 의해 걸려든 이들은 두밀杜密, 진식陳寔, 범방范滂 등 2백여 명이었다. 체포에 나선 시자가 사빙으로 나서자 진번은 다시 극력 간언하였다. 이에 황제는 진번에게 책策을 써서 면직시켜버렸다. 그리하여 조정은 크게 두려워하며 다시는 감히 당인들을 변호하는 말을 하는 자가 없게 되었다. 이에 가표賈彪가 이렇게 말하였다.
　"내가 서쪽서울로 가지 않으면 이 큰 어려움을 풀 수 없도다."
　그리고는 낙양洛陽으로 들어가 황후의 아버지 두무竇武를 설득하면서 상소하여 이를 풀어주도록 하였으며 이응 등의 옥에서의 진술도 또한 거의가 환관 자제들의 횡포에 관한 것이었다. 환관들은 이에 두려움을 느껴 황제에게 당인 2백여 명을 풀어줄 것을 아뢰었다. 그리하여 이들은 모두 고향으로 돌아갔으며 그 명단을 삼부三府에 기록해 두어 종신토록 금고禁錮하였다.

會成瑨與太原守劉瓆, 於赦後案殺宦官之黨. 徵下獄, 將棄市. 山陽守翟超, 以張儉爲督郵, 破宦官蹻制冢宅. 東海相黃浮, 亦收宦官家屬犯法者殺之. 宦官訴寃, 皆得罪. 蕃屢爭之, 上不聽.

宦官敎人上書, 吿李膺:「養太學遊士, 共爲部黨, 誹訕朝廷, 疑亂風俗.」

上震怒, 下郡國逮捕黨人. 案經三府, 蕃卻不肯署. 上愈怒, 下膺等北寺獄. 辭連杜密·陳寔·范滂等二百餘人. 使者追捕四出, 蕃又極諫, 上策免之. 朝廷震慄, 莫敢復爲黨人言者.

賈彪曰:「吾不西行, 大難不解.」

乃入洛陽, 說皇后父竇武, 上疏解之. 膺等獄辭, 又多引宦官子弟. 宦官乃懼, 白上赦黨人二百餘人.

皆歸田里, 書名三府, 禁錮終身.

【山陽】淮東에 속하는 군으로 지금의 淮安府.
【宦官家屬】徐璜 형의 아들 宣.
【三府】三公의 官府.
【禁錮】구속하여 영원히 벼슬길로 나서지 못하도록 함을 뜻함.(拘束之, 使永不得仕也. -원주)

(5) 환제桓帝의 죽음

황제는 재위 21년이었으며 연호를 일곱 번 바꾸어 건화建和, 화평和平, 원가元嘉, 영흥永興, 영수永壽, 연희延熹, 영강永康이라 하였다. 황제가 죽고(A.D.167) 두태후竇太后는 해독정후解瀆亭侯를 맞아들여 제위에 오르게 하였으니(A.D.168) 이가 효령황제孝靈皇帝이다.

上在位二十一年. 改元者七, 曰建和, 和平, 元嘉, 永興, 永壽, 延熹, 永康. 崩, 竇皇后迎立解瀆亭侯, 是爲孝靈皇帝.

【解瀆亭】安平에 있는 마을 이름.

11. 孝靈皇帝

> ● 靈帝. 東漢의 제12대 황제.
> 劉宏. 168년~189년 재위.

347 효령황제孝靈皇帝

(1) 신번陳蕃과 두무竇武의 죽음

효령황제는 이름이 굉劉宏이며 장제章帝의 현손玄孫이다. 나이 열둘에 즉위하여(A.D.168) 두태후竇太后가 임조하였고, 두무竇武가 대장군이 되었으며 진번陳蕃이 태부太傅가 되었다.

천하의 어진 사람을 등용하여 이응李膺이며 두밀杜密 등이 모두 조정으로 들게 되자 천하 사람들은 태평 시대가 될 것임을 기대하였다.

진번과 두무는 함께 논의하여 환관이 국가의 권력을 쥐고 휘둘러 해내를 흐리게 어지럽힌다고 여겨 환관 조절曹節과 왕보王甫를 주살할 것을 상주하였다. 그런데 모의가 누설되어 환관들이 밤에 자신들과 친한 자들을 불러 모아 피를 마시며 함께 맹세하였다. 그리고 영제靈帝를 청하여 전전前殿에서 조판詔板을 만들고, 왕보王甫가 황문령黃門令이 되어 그 당으로 하여금 부절을 가지고 두무 등을 잡아들여 대역大逆의 죄명을 씌웠다. 그리하여 먼저 진번을 잡아와 죽이고 두무가 자살하자 그 머리를 낙양의 도정都亭에 효수梟首하고는 두황후를 남궁南宮으로 옮겼다.

(十) 東漢 1049

孝靈皇帝:

名宏, 章帝玄孫也. 年十二卽位. 竇太后臨朝, 竇武爲大將軍, 陳蕃爲太傅. 徵天下名賢, 李膺・杜密等, 皆列于朝, 天下想望太平. 蕃武共議, 以宦官操弄國柄, 濁亂海內, 奏誅曹節・王甫等. 謀泄, 宦者夜召所親, 歃血共盟. 請帝御前殿, 作詔板, 拜王甫黃門令, 使其黨持節收武等, 誣以大逆. 先執陳蕃殺之. 武自殺, 梟首都亭, 遷太后於南宮.

【玄孫也】章帝가 開를 낳고, 開가 淑을 낳았으며, 淑이 萇을 낳고 萇이 靈帝를 낳았음.
【板】'引'과 같음.
【梟】머리를 나무에 매다는 것을 효라 함.(懸首于木曰梟. -원주)

(2) 한나라는 망하리라

이응은 처음에는 폐고廢錮되었었으나 사대부들이 모두 그의 식견을 높이 여겨 소인들이 조정을 더럽힌다고 여겨 다시 이응을 표방으로 삼아 칭찬하고 있었다.

두무竇武, 진번陳蕃, 유숙劉淑을 삼군三君이라 불렀으니 일세의 본종으로 삼음을 말한 것이다.

이응李膺, 순욱旬昱, 두밀杜密, 왕창王暢, 유우劉祐, 위랑魏朗, 조전趙典, 주우朱寓를 팔준八俊이라 하였는데, 이는 사람들 중에서 영걸임을 말한 것이다.

그리고 곽태郭泰, 범방范滂, 윤훈尹勳, 파숙巴肅, 종자宗慈, 하복夏馥, 채연蔡衍, 양척羊陟을 팔고八顧라 하였으니 이는 능히 덕행德行으로써 남을 인도함을 말한 것이다.

또 장검張儉, 적초翟超, 잠질岑晊, 완강苑康, 유표劉表, 진상陳翔, 공욱孔昱, 단부檀敷를 팔급八及이라 함으로써 이는 남을 잘 인도하여 종주를 따르게 함을 말한 것이다.

그리고 도상度尙, 장막張邈, 왕효王孝, 유유劉儒, 호모반胡母班, 진주秦周, 번향蕃嚮, 왕장王章을 팔주八廚라 하였으니 이는 재물로써 남을 구제하는데 능함을 말한 것이다.

진번陳蕃과 두무竇武가 조정에 들어 정치를 맡게 되자, 다시 이응李膺 등도 발탁하였다. 진번과 두무가 죽고 나자 이응 등도 다시 폐고廢錮되고 말았다.

환관 조절曹節이 유사를 설득하여 갇힌 당인黨人의 죄를 천자에게 상주하여 이에 이응은 조칙으로 옥에 갇혔다가 고문으로 죽고 말았다.

범방范滂이 체포되자 그 어머니가 이렇게 결별의 말을 하였다,

"너는 지금 이응, 두밀 등과 이름을 나란히 하였으니 죽어도 나로서 어찌 여한이 있겠느냐?"

범방은 꿇어앉아 어머니의 가르침을 받고 두 번 절하여 작별을 고하고는 그 아들을 돌아보며 이렇게 말하였다.

"나는 너를 위해 악한 짓도 하리라 여겼는데 역시 악행을 저질러서는 안 된다. 나는 너를 위해 선한 일을 한 것이지 나는 결코 악한 짓을 한 것이 아니란다."

이 말을 들은 사람들은 눈물을 흘렸다. 이렇게 당인으로서 죽음을 당한 자가 백 명이었으며, 그밖에 죽거나 도형을 받거나 폐고된 자 또한 6, 7백 명이나 되었다. 곽태郭泰는 속으로 애통하게 여겨 말하였다.

"시詩에 '사람이 죽어가니 방국邦國이 지치고 잔폐해지네'라 하였는데 한나라는 멸망하리라. 다만 '보아하니 저 까마귀가 앉아 있네. 어느 집으로 옮겨갈 것인고'라 하였으니 이를 알 수 없을 뿐이로다."

곽태는 옳고 그름을 가려내기를 좋아하였지만 격렬하게 이를 탄핵하는 논리를 펴지는 않았다. 그러므로 혼탁한 세상을 살면서도 화가 그에게 까지는 미치지 않았던 것이다.

李膺初雖廢錮, 士大夫皆高其道, 而污穢朝廷. 更相標榜, 爲稱號
竇武, 陳蕃, 劉淑爲三君, 言一世之所宗也.

李膺, 荀昱, 杜密, 王暢, 劉祐, 魏朗, 趙典, 朱寓, 爲八俊, 言人英也.

郭泰, 范滂, 尹勳, 巴肅, 宗慈, 夏馥, 蔡衍, 羊陟, 爲八顧, 言能以德行引人也.

張儉, 翟超, 岑晊, 苑康, 劉表, 陳翔, 孔昱, 檀敷, 爲八及, 言能導人追宗也.

度尙, 張邈, 王孝, 劉儒, 胡母班, 秦周, 蕃嚮, 王章, 爲八廚, 言能以利救人也.

及陳蕃·竇武用事, 復擧拔膺等. 陳竇死, 膺等復廢錮. 曹節, 諷有司, 奏諸鉤黨, 膺詣詔獄考死. 滂就捕, 母與訣曰:「汝今得與李杜齊名, 死亦何憾?」

滂跪受敎, 再拜而辭.

顧其子曰:「使汝爲惡, 惡不可爲. 使汝爲善, 我不爲惡.」

聞者爲之流涕. 黨人死者百人, 其死徒廢錮者, 又六七百人.

郭泰私痛曰:「詩云:『人之云亡, 邦國殄瘁.』漢室滅矣. 但未知『瞻烏爰止, 于誰之屋』耳.」

泰雖好臧否, 而不爲危言覈論. 故處濁世. 而禍不及焉.

【李杜】李固와 杜喬를 가리키며 모두 한자의 손에 죽었음.
【但未云云】한나라는 틀림없이 망할 것이며 단지 누가 이를 차지할지 모른다는 뜻.(言漢必滅亡, 但未知將爲誰所得耳. —원주)

348 오경五經의 문자를 세우다

영제는 조서를 내려 여러 유학자 중에 오경五經의 문자를 바르게 정정하였다. 또 채옹蔡邕에게 명하여 고문자古文字와 전서篆書, 예서隸書의 세 서체로써 이를 돌에 새기어 태학太學의 문 밖에 세우도록 하였다.

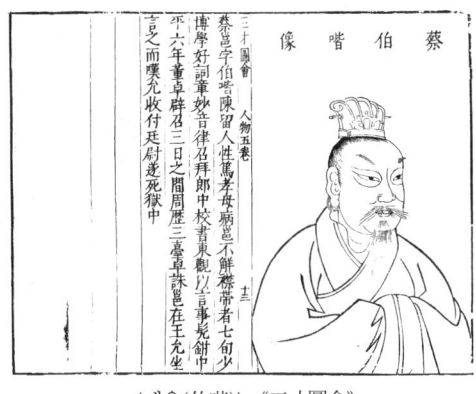

〈채옹(伯喈)〉《三才圖會》

○ 詔諸儒正五經文字, 命蔡邕爲古文·篆·隸三體, 書之刻石, 立太學門外.

【古文】 倉頡이 鳥跡을 보고 지은 文字라 함.
【篆】 史籒가 만든 大篆의 글자.
【隸】 程邈이 지었다는 隸書.

〈문자를 처음 만들었다는 倉頡〉

349 시부詩賦에 능한 사람

영제는 학문을 좋아하여 여러 생도 중에 문장과 시부詩賦에 능한 사람을 불러 홍도문鴻都門 아래 머물러 대제待制토록 하였다.
태학太學을 세우기는 하였으나 모여드는 생도들이 두소斗筲의 소인들 뿐이어서 군자는 이를 부끄러이 여겼다.

○ 上好文學, 引諸生能文賦者, 並待制鴻都門下. 置立太學, 諸生皆斗筲小人, 君子恥之.

【斗筲】비루하고 세세함을 뜻함.(言鄙細也. —원주) 筲는 竹器로 一斗二升을 담을 수 있는 그릇.

350 구리냄새가 납니다

서저西邸를 열어 관직을 팔았는데 벼슬마다 그 값이 있었다.
당시 최열崔烈은 5백만 금으로써 사도司徒의 벼슬을 사고나서 그 아들에게 물었다.
"밖의 평판이 어떻더냐?"
아들이 말하였다.
"사람들이 구리 냄새가 난다고 싫어합니다."

○ 開西邸賣官, 各有賈.
崔烈以五百萬得司徒, 問其子:「以外議何如?」
子曰:「人嫌其銅臭耳.」

【賈】'價'와 같음.《通鑑》에 의하면 "2천 석은 2천만 냥, 4백 석은 4백만 냥이며 또는 公은 千萬냥, 卿은 五百萬냥으로 그 덕의 차례에 따라 선발에 응한 자에게 반으로 감하기고 하고 3분의 일로 해 주기도 하였다"라 함.(通鑑云: 二千石二千萬, 四百石四百萬. 又云: 公千萬, 卿五百萬, 其以德次, 應選者半之, 或三分之一也. -원주)
【其子】崔鈞을 가리킴.

(十) 東漢 1055

351 황건적黃巾賊과 조조曹操의 등장

(1) 장각張角의 태평도太平道

거록鉅鹿의 장각張角이 요술을 가르쳐 이를 태평도太平道라 칭하였다. 그것은 부적符籍을 물에 뿌려 병을 고친다 하면서 제자들을 사방으로 보내어 서로 돌아가며 거짓으로 유혹하였다.

그리하여 10여 년 만에 무리가 신도 수십만 명이나 되었으며 전국에 36 방方을 두었다. 큰 방은 1만여 명, 작은 방은 6, 7천 명이었으며 각기 거수渠帥를 세웠다. 일시에 이들이 함께 기병하여 모두가 누런 수건을 두르고 그들이 있는 곳이면 모두가 불 지르고 겁탈하였다. 이리하여 열흘, 한 달 사이에 천하가 향응하였다.

○ 鉅鹿張角, 以妖術敎授, 號太平道. 符水療病, 遣弟子遊四方, 轉相誑誘. 十餘年間, 徒衆數十萬, 置三十六方. 大方萬餘, 小方六七千, 各立渠帥. 一時俱起, 皆著黃巾, 所在燔刦, 旬月之間, 天下響應.

【渠帥】 큰 우두머리라는 뜻.(猶言渠魁大首. －원주)

(2) 난세의 간웅姦雄이 되리라

이에 황보숭皇甫崇 등을 파견하여 황건적을 토벌하도록 하였다. 황보숭은 패국沛國의 조조曹操와 군사를 합하여 황건적을 깨뜨렸다.

조조의 아버지 숭嵩은 환관 조등曹騰의 양자였다고도 하며, 혹은 하후씨夏侯氏의 아들이라도 한다.

조조는 어릴 때부터 기지가 있고 경책이 있었으며 권형을 살필 줄 알았고 술수가 있었다. 그는 임협任俠에 관심이 있었고 방탕하여 일상의 생업 따위는 거들떠보지 않았다.

여남汝南의 허소許劭는 사촌형 정靖과 함께 명성이 높았는데 그들은 함께 향리의 인물에 대한 평이 정확하여 매월 초하룻날이면 모두 그 대상을 바꾸어 가며 품평을 하였다. 그래서

〈曹操(위 문제)〉

여남汝南에서는 이것을 월단평月旦評이라 속칭하였다. 조조가 허소를 찾아가 물었다.

"나는 어떤 인물이오?"

허소는 대답하지 않았다. 조조가 위협하자 그제야 이렇게 말하였다.

"그대는 치세治世의 능신能臣이요, 난세亂世의 간웅姦雄이오."

조조는 기뻐하며 돌아갔다. 이때에 이르러 황건적을 토벌한다는 구실로 세상에 나서게 된 것이다.

遣皇甫嵩等討黃巾. 嵩與沛國曹操, 合軍破賊. 操父嵩, 爲宦者曹騰養子. 或云夏侯氏子也. 操少機警, 有權數. 任俠放蕩, 不治行業. 汝南許劭, 與從兄靖有高名, 共覈論鄕黨人物, 每月輒更其題品. 故汝南俗有月旦評.

操往問劭曰:「我何如人?」

劭不答. 刦之, 乃曰:「子治世之能臣, 亂世之姦雄.」
操喜而去. 至是以討賊起.

【機警】 機變과 警寤.
【從兄】 할아버지가 같은 형제를 從兄이라 함.
【刦】 칼로 위협함을 刦이라 함.(以刀脅人曰刦. -원주)

352 장각을 토벌하다

황보숭이 장각을 토벌하여 장각이 죽고, 숭은 그 아우와 싸워 이를 깨뜨리고 베었다.

○ 皇甫嵩討張角, 角死. 嵩與其弟戰, 破斬之.

【弟】張梁을 가리킴.

353 영제靈帝의 죽음

영제가 죽었다.(A.D.188) 재위 22년이었으며 연호를 네 번 바꾸어, 건녕建寧, 희평熹平, 광화光和, 중평中平이라 하였다.

아들 변辨이 즉위하고 하태후何太后가 임조하였다. 태후의 오빠 대장군 하진何進이 상서尙書의 사무를 총괄하였다. 이 때 원소袁紹가 하진에게 환관을 죽여 없앨 것을 권하였으나 하태후가 듣지 않았다. 원소 등은 계략을 꾸며서 사방의 맹장을 불러모아 이들을 이끌고 서울 낙양洛陽으로 향하여 태후를 위협하였다. 그리하여 드디어 장군 동탁董卓의 군대를 소집하였다.

그런데 동탁의 군사가 아직 도착하기 전에 하진은 환관에게 피살되고 말았다. 그러나 원소는 군사를 지휘하여 환관들을 체포하여 노소에 관계없이 모두 살해해버렸는데 무릇 2천여 명이나 되었다. 그 중에는 수염이 없어서 환관으로 오인되어 죽은 사람도 있었다. 이에 동탁이 이르러 난의 이유를 물었다. 당시 임금 변辨은 나이 열넷이었으나 말이 분명치 않아 알아들을 수 없었다.

이에 진류왕陳留王이 나서서 빠짐없이 대답하자 동탁은 변을 폐하고 이를 세우고자 하였다. 그러나 원소가 거부하자 동탁이 노하였다. 원소가 도망하여 달아나자 동탁은 드디어 변을 폐하고 진류왕을 세웠다. 이가 효헌황제孝獻皇帝이다.(A.D.189)

○ 上崩. 在位二十二年, 改元者四: 曰建寧, 熹平, 光和, 中平. 子辯立, 何太后臨朝. 后兄大將軍何進, 錄尙書事. 袁紹勸進, 誅宦官, 太后未肯. 紹等畫策, 召四方猛將, 引兵向京, 以脅太后. 遂召將軍董卓之兵. 卓未至, 進爲宦官所殺. 紹勒兵捕諸宦官, 無少將皆殺之, 凡二千餘人, 有無鬚而誤死者. 卓至問亂由, 辯年十四, 語不可了. 陳留王答無遺, 卓欲廢立. 紹不可, 卓怒. 紹出奔, 卓遂廢辯, 陳留王立, 是爲孝獻皇帝.

【誤死者】환관은 수염이 없어 수염이 없는 남자를 환관으로 잘못 알고 죽였음.
 (宦者無鬚, 故及誤殺無鬚之男子. －원주)
【不可了】결단력이 없음을 뜻함.(無決斷也. －원주)
【陳留王】劉辯의 아우.
【廢立】劉辯을 폐하고 劉協을 세움.

〈熹平石經〉 東漢 靈帝 熹平 4년, 七經 46개 碑를 太學에 세움.

12. 孝獻皇帝

> ◎ 獻帝. 東漢의 제14대 황제. 劉協. 189년~220년 재위. 제13대 廢帝(劉辯)는 189년 1년이 못되어 폐위되었으며, 7대 北鄕侯劉懿와 같이 少帝라 불리기도 함.

354 효헌황제 孝獻皇帝

⑴ 동탁董卓에 의해 추대된 황제

효헌황제는 이름이 협劉協이며 아홉 살에 장군 동탁에 의해 즉위하였다. 그러자 관동關東의 주군州郡이 모두 기병하여 동탁을 토벌하면서 원소를 맹주로 추대하였다.
동탁은 낙양의 궁궐과 종묘를 불 지르고 장안長安으로 도읍을 옮겼다.

孝獻皇帝:
名協, 九歲爲董卓所立. 關東州郡, 起兵討卓, 推袁紹爲盟主. 卓燒洛陽宮廟, 遷都長安.

(2) 원술袁術, 손견孫堅, 유표劉表의 기병

장사長沙 태수이며 부춘富春 사람인 손견孫堅도 역시 군사를 일으켜 동탁을 토벌하겠다고 나서 남양南陽에 이르렀을 때 그 무리가 수만 명이나 되었으며 그들은 원술袁術의 군사와 연합하였다. 원술과 원소는 사촌 간으로 모두가 옛날 태위太尉 원안袁安의 현손玄孫이었다.

원씨袁氏는 4세 동안 다섯 명의 공공을 배출한 집안으로, 그 부귀가 다른 삼공三公과는 달랐다. 원소는 건장하고 위용이 있었으며 그 부하를 사랑하여 선비들이 모두 그에게 폭주하여 몰려들었다. 원술도 역시 협기가 있었다.

그들이 이때에 이르러 모두 기병한 것이었다.

손견孫堅이 동탁이 군사를 공격하여 깨뜨리자 원술은 손견으로 하여금 형주荊州를 차지하도록 하였으나 손견은 유표劉表의 부장部將 황조黃祖 보병의 화살에 맞아 죽고 말았다.

長沙太守富春孫堅, 起兵討卓, 至南陽, 衆數萬, 與袁術合兵. 術與紹同祖, 皆故大尉袁安之玄孫也. 袁氏四世五公, 富貴異於佗公族. 紹壯健有威容, 愛士, 士輻湊. 術亦俠氣. 至是皆起. 堅擊敗卓兵, 術遣堅圖荊州, 爲劉表將黃祖步兵所射死.

【長沙太守】富春의 孫堅을 가리킴. 長沙郡은 湖南에 속하며 지금의 潭州府.

355 여포呂布

(1) 적신賊臣을 친다

사도司徒 왕윤王允 등이 몰래 동탁을 죽이려고 모의하였다. 중랑장中郞將 여포呂布는 등뼈의 힘이 남보다 세어 동탁은 여포를 믿고 사랑하였다. 그런데 어느 날 여포는 사소한 일로 동탁의 노여움을 샀다.

동탁은 창을 집어 여포에게 던졌으나 여포는 몸을 피하여 면하게 되었다. 왕윤은 여포와 결탁하여 안에서 응하기로 하였다. 어느 날 동탁이 대궐로 들어오자 용사를 북액문北掖門에 내복해 두었다가 동탁을 찔렀다. 동탁은 수레에서 굴러 떨어지면서 큰 소리로 여포를 불렀으나 여포는 이렇게 말하였다.

"조칙詔勅에 의해 적신賊臣을 친다."

그리고 그 소리에 맞추어 창을 들어 동탁을 찌르고 곧바로 베어버렸다.

○ 司徒王允等, 密謀誅卓. 中郞將呂布, 膂力過人, 卓信愛之, 嘗小失卓意. 卓手戟擲布, 布避得免. 允結布爲內應. 卓入朝, 伏勇士於北掖門刺之.

卓墮車大呼呂布, 布曰:「有詔討賊臣.」

應聲持矛刺卓, 趣斬之.

【膂】 등뼈.(脊骨也. -원주)
【掖】 정문 곁의 작은 문을 '掖'이라 함.(正門旁小門也. -원주)

(2) 배꼽을 태우다

이에 앞서 동탁은 자신의 땅 미현郿縣에 거대한 언덕을 쌓고, 30년 동안 먹을 식량과 금은, 비단 등 기이한 보물들을 산처럼 쌓아두었다. 그리고 스스로 이렇게 말하였다.
"일이 성공하면 천하를 잡을 것이요, 성취하지 못하더라도 이를 지켜 여생을 보낼 수 있으리라."
그러나 이때에 이르러 갑자기 죽어 시신이 거리에 뒹굴게 된 것이다.
동탁은 원래 뚱뚱하여 옥리가 심지를 만들어 동탁의 배꼽에 꽂아 불을 켰더니 그 불빛이 며칠을 갔다고 한다. 동탁의 잔당이 군사를 일으켜 대궐을 쳐들어와서 왕윤을 죽이자 여포는 달아나 버렸다.

先是, 卓築塢于郿積穀爲三十年儲, 金銀綺綿奇玩, 積如丘山.
自云:「事成據天下, 不成守此以老.」
至是暴屍於市.
卓素肥, 吏爲大炷, 置臍中然之, 光達曙者數日.
卓黨擧兵犯闕, 殺王允, 呂布走.

【郿】 扶風에 속하는 읍 이름.
【炷】 등불의 심지.(燈炷. −원주)
【然】 '燃'과 같음.

356 유비劉備의 등장

탁군涿郡의 유비劉備는 자가 현덕玄德이었으며 그의 조상은 경제景帝에서 나온 중산정왕中山靖王 승勝의 후손이었다. 큰 뜻을 품고 있었으며, 말이 적고 희로喜怒의 표정을 얼굴에 나타내지 않았다. 하동河東의 관우關羽와 탁군의 장비張飛는 유비와 친하였는데 유비가 기병하자 두 사람은 그를 따랐다.

○ 涿郡劉備字玄德, 其先出於景帝, 中山靖王勝之後也. 有大志少語言, 喜怒不形於色. 河東關羽·涿郡張飛, 與備相善, 備起, 二人從之.

【勝】景帝의 여섯째 아들.
【河東】山西에 속하는 군으로 지금의 河中府.

357 손책孫策

손견의 아들 손책孫策은 아우 손권孫權과 부춘富春에 머물러 살다가 서주舒州로 옮겼다. 손견이 죽었을 때 손책은 나이 17살이었는데 원술을 찾아가 만나 아버지 손견의 남은 군사를 얻게 되었다. 손책은 10여 세가 되었을 때 이미 호걸들과 교유를 맺어 이름이 알려져 있었다.

〈周瑜(公瑾)〉《三才圖會》

또 서주舒州 사람 주유周瑜는 손책과 같은 나이로 역시 재주가 뛰어났으며 일찍부터 알려져 있었다.

이때에 이르러 손책을 따라 기병하였다. 손책은 동쪽으로 강江을 건너 싸움을 전전하여 가는 곳마다 그의 예봉을 당해낼 자가 없었다. 백성은 손랑孫郎이 온다는 소문을 듣고 모두가 혼백을 잃을 정도였으나 그가 이르러서는 백성에게 범하는 것이 없자 모두 크게 기뻐하였다.

○ 孫堅之子策, 與弟權留富春, 遷于舒. 堅死, 策年十七, 往見袁術, 得其父餘兵. 策十餘歲時, 已交結知名. 舒人周瑜, 與策同年, 亦英達夙成.

至是從策起, 策東渡江, 轉鬪, 所向無敢當其鋒者. 百姓聞孫郎至, 皆失魂魄. 所至一無所犯民, 皆大悅.

【舒】淮西에 속하는 州 이름으로 지금의 安慶府.

358 조조曹操

처음 조조는 동탁을 토벌할 때부터 형양榮陽에서 싸우고는 돌아와 하내河內에 머물러 있으면서 얼마 후 동군東郡 태수의 직책을 얻어 동무양東武陽을 다스리다가 이윽고 연주兗州에 들어가 이를 근거지로 삼고 있었다.
그리고 스스로 자사가 되어 사신을 보내어 글을 올려 연주의 목牧이 되었다. 황제가 낙양으로 돌아오자 조조는 입조하여 임금을 허許로 옮기게 하였다.

○ 初曹操自討卓時, 戰于榮陽, 還屯河內. 尋領東郡太守, 治東武陽, 已而入兗州據之. 自領刺史, 遣使上書, 以爲兗州牧. 上還洛陽, 操入朝, 遷上於許.

【東武陽】東郡에 속하는 邑.
【兗州】九州의 하나로 지금의 山東.
【許】河南에 속하는 州이며 潁川郡.

359 호랑이와 매

조조가 여포呂布를 죽여버렸다. 처음 여포는 관중을 탈출하여 원술袁術에게 갔다가 다시 원소袁紹에게 귀의하였었다. 그리고 얼마 후 다시 원소를 떠났다가 조조의 공격을 받고 달아나서 이번에는 유비에게 귀의하였다. 그런데 얼마 후 그는 또 유비를 습격하고는 하비下邳를 점거하였다. 유비가 달아나 조조에게 가자 조조는 유비를 패沛 땅으로 보내어 주둔토록 하였다. 여포는 진등陳登을 사신으로 조조를 만나 자신을 서주徐州 목牧으로 삼아줄 것을 요구하였지만 거절을 당하고 말았다. 진등이 돌아와 여포에게 말하였다.

"저는 조조를 만나 이렇게 말하였습니다. '여포 장군을 기르는 것은 호랑이를 기르는 것과 같아 그 고기를 배가 부르게 주어야 합니다. 배가 차지 않으면 사람을 물어버릴 것입니다'라구요. 그러자 조공은 '그렇지 않소. 여포 장군은 매를 기르는 것과 같소. 배고플 때에는 사람을 따르지만 배가 부르면 멀리 날아가 버릴 자라오'라고 합디다."

여포가 다시 유비를 공격하자 유비는 다시 달아나 조조에게 의지하였다. 조조는 여포를 공격하여 하비에 이르게 되었다. 여포는 여러 번 싸워 모두 패하자 곤핍하여 결국 항복을 강요받았다. 조조는 여포를 결박해놓고 이렇게 말하였다.

"호랑이를 묶어놓았으니 급히 굴지 않을 수 없다."

그러고는 목을 졸라 죽였다. 유비는 조조를 따라 허許로 돌아왔다.

○ 操擊殺呂布. 初布自關中出奔袁術, 又歸袁紹. 已而又去, 爲操所攻. 走歸劉備, 尋又襲備, 據下邳. 備走歸操, 操遣備屯沛. 布使陳登見操, 求爲徐州牧, 不得.

登還謂布曰:「登見曹公言:『養將軍如養虎, 當飽其肉, 不飽則噬人.』公曰:『不然. 譬如養鷹, 饑則附人, 飽則颺去.』」

布復攻備, 備走復歸操. 操擊布至下邳. 布屢戰皆敗, 困迫降. 操縛之曰:「縛虎不得不急.」
卒縊殺之. 備從操還許.

【颷】돌개바람, 혹 바람에 휘날림을 뜻함.

360 사치에 빠진 원술袁術

원술은 처음 남양南陽을 점거하였다가 얼마 후 수춘壽春을 근거지로 하였다. 당시 참언讖言에 '한나라를 이을 자는 의당 도고塗高이리라'라는 말을 근거로 자신의 이름과 자가 이에 응한다고 여겨 드디어 황제를 칭하였다. 그러나 음란과 사치가 심하여 이윽고 재정이 텅 비어 자립할 수 없게 되었다. 이에 원소에게 달아나려 하였으나 조조가 유비를 보내어 맞아 치게 하였던 것이다. 원술은 다시 되돌아 도망 오다가 피를 토하고 죽었다.

○ 袁術初據南陽, 已而據壽春.

以讖言「代漢者當塗高」, 自云名字應之, 遂稱帝. 淫侈甚, 旣而資實空虛, 不能自立. 欲奔袁紹, 操遣劉備邀之.

術走還, 歐血死.

【名字應之】길에서 높다는 것은 위궐(높은 궁궐로 사람들이 멀리서도 보임)을 상징하는 것으로 위가 한나라를 대신할 것이며 원술이 자신의 자가 公路이므로 그 뜻에 맞는다고 여긴 것임.(當塗而高, 象魏闕也. 言魏當代漢 而術以己字公路, 卽當塗高之義也. -원주)
【還】壽春으로 돌아감.

361 내가 너만 못하다

손책孫策이 이미 강동江東을 평정하고, 허許를 치고자 하였다. 아직 출발하기 전에 일찍이 손책에게 죽임을 당했던 오군吳郡 태수 허공許貢의 노비가 손책이 사냥 나가는 것을 숨어 기다렸다가 쏘았다. 그 상처가 심하여 아우 손권을 불러 대신 그 군사를 거느리게 하면서 이렇게 말하였다.

"강동江東의 대군을 일으켜 두 진영 사이에서 기회를 판단하여, 천하와 형평을 다투는 데 있어서는 너는 나만 못하다. 그러나 어진 사람을 들어 쓰고 능력 있는 사람을 부려 그들로 하여금 각기 자신의 마음을 다하도록 하여 강동을 지켜내는 데 있어서는 내가 너만 못하다."

그리고 죽었다. 그의 나이 26살이었다.

○ 孫策旣定江東, 欲襲許. 未發, 故所殺吳郡守許貢之奴, 因其出獵, 伏而射之.

創甚, 呼弟權, 代領其衆曰:「擧江東之衆, 決機於兩陣之間, 與天下爭衡, 卿不如我. 任賢使能, 各盡其心, 以保江東, 我不如卿.」

卒. 年二十六.

【吳郡】지금의 平江府.
【創】'瘡'과 같음.

362 원소袁紹의 패배

원소가 기주冀州를 점거하고 정병 10만과 기병 1만을 선발하여 허許를 공격하려 하였다. 그러자 저수沮授가 간하였다.

"조조는 천자를 받들고 천하에 호령하고 있습니다. 지금 군사를 일으켜 남쪽으로 향한다면 의로 보아 위배되는 것입니다. 저는 공을 위해 두려움을 느낍니다."

원소는 듣지 않았다. 조조가 관도官渡에서 원소와 서로 맞서게 되자 조조는 원소를 습격하여 원소의 치중輜重을 깨뜨려버렸다. 원소는 군대가 크게 무너지자 부끄럽고 분하게 여겨 피를 토하고 죽었다.

○ 袁紹據冀州, 簡精兵十萬騎一萬, 欲攻許.

沮授諫曰:「曹操奉天子以令天下. 今擧兵南向, 於義則違. 竊爲公懼之.」

紹不聽. 操與紹相拒於官渡, 襲破紹輜重. 紹軍大潰, 慙憤歐血死.

【沮授】 인명.
【官渡】 兗州 陽武縣의 동쪽.

363 조조曹操와 유비劉備, 그리고 제갈량諸葛亮

(1) 천하의 영웅은 나밖에 없다

　거기장군車騎將軍 동승董承이 헌제獻帝로부터 밀조密詔를 받았다고 칭하면서 유비劉備와 함께 조조를 주살하려 하였다. 조조가 어느 날 조용히 유비에게 말하였다.
　"현재 천하의 영웅은 오직 사군使君과 나 조조뿐이오."
　유비는 마침 식사 중이었는데 이 말에 수저를 떨어뜨렸다. 그 때 마침 우레가 울리자 얼른 거짓으로 이렇게 말을 돌렸다.
　"공자는 '빠른 우레나 바람이 심할 때는 반드시 표정이 변한다'라 하였지요. 진실로 이유가 있는 것 같습니다."
　유비가 이미 조조로부터 원술을 맞아 싸우도록 파견되자 이를 근거로 서주徐州로 가서 군사를 일으켜 조조를 토벌하겠다고 나섰다. 조조는 유비를 쳤다. 유비는 우선 기주冀州로 달아났다가 군사를 이끌고 여남汝南에 이르렀다. 그리고 여남에서 다시 형주荊州로 달아나 유표劉表에게 의지하였다.

　○ 車騎將軍董承, 稱受密詔, 與劉備誅曹操.
　操一日從容謂備曰:「今天下英雄, 唯使君與操耳.」
　備方食, 失匕筯.
　值雷震詭曰:「聖人云:『迅雷風烈必變』, 良有以也.」
　備旣被遣邀袁術, 因之徐州, 起兵討操. 操擊之. 備先奔冀州, 領兵至汝南. 自汝南奔荊州, 歸劉表.

　【筯】 젓가락(箸).

(2) 허벅지에 살이 쪘소

어느 날 유비가 유표의 집에 앉아 있을 때 일어서서 변소로 갔다 와서는 개연慨然히 눈물을 흘리는 것이었다. 유표가 괴이히 여겨 묻자 유비는 이렇게 대답하였다.

"언제나 내 몸은 말안장에서 떠나는 일이 없어 허벅지의 살이 모두 소진하여 말라 있었지요. 그런데 지금 더 이상 말을 타지 않아 허벅지에 살이 쪘습니다. 세월 가는 것이 물처럼 흘러 늙음이 장차 이를 텐데 공과 업적도 세우지 못하고 있어 이 때문에 비통해하는 것입니다."

嘗於表坐, 起至厠, 還慨然流涕.
表怪問之, 備曰:「常時身不離鞍, 髀肉皆消. 今不復騎, 髀裏肉生. 日月如流, 老將至, 功業不建, 是以悲耳.」

(3) 삼고초려三顧草廬

낭야琅琊 사람 제갈량諸葛亮이 양양襄陽의 융중隆中에 우거寓居하면서 매번 자신을 관중管仲이나 악의樂毅와 비교하고 있었다. 유비가 사마휘司馬徽를 방문하여 묻자 사마휘가 이렇게 말하였다.

"때에 맞추어 힘써야 할 것이 무엇인지를 아는 자는 준걸俊傑입니다. 이곳에 복룡伏龍, 봉추鳳雛라 자칭하는 자가 있으니 바로 제갈공명諸葛孔明과 방사원龐士元입니다."

서서徐庶도 역시 유비에게 말하였다.

"제갈공명은 와룡臥龍입니다."

諸葛亮 초기 거주지 河北 襄陽

유비는 공명의 집을 세 번 찾아가서야 만날 수 있었다. 그리하여 천하 책략을 묻자 제갈량이 이렇게 말하였다.

"조조曹操는 백만의 군사를 가지고 천자를 끼고 제후를 호령하고 있으니 이는 진실로 맞서 창끝을 겨룰 수 없습니다. 손권孫權은 강동江東에 할거하고 있으며 지세는 험하고 백성의 지지도 있으니 가히 더불어 도움으로 여길 수 있으나 서로 도모할 대상은 아닙니다. 형주荊州는 군사를 움직이기에 편리한 땅이요, 익주益州는 험한 산이 요새를 이루고 있으며, 기름진 땅이 천리에 뻗어 있어 천부天府의 땅입니다. 만약 형주와 익주를 차지하고 그 험준한 지형을 보위하면서 천하에 변고가 있을 때 형주의 군사를 완宛과 낙洛을 향하게 하고, 익주의 무리를 끌고 진천秦川을 나선다면 누가 단사호장簞食壺漿하여 장군을 맞이하지 않겠습니까?"

유비가 말하였다.
"훌륭합니다!"
이리하여 제갈량과 정이 날로 가까워졌으며 유비는 이렇게 말하였다.
"나에게 공명이 있음은 마치 고기에게 물이 있음과 같다."

琅琊諸葛亮, 寓居襄陽隆中, 每自比管仲·樂毅.
備訪士於司馬徽, 徽曰:「識時務者在俊傑. 此閒自有伏龍·鳳雛. 諸葛孔明·龐士元也.」
徐庶亦謂備曰:「諸葛孔明臥龍也.」
備三往乃得見亮. 問策, 亮曰:「操擁百萬之衆, 挾天子令諸侯, 此誠不可與爭鋒. 孫權據有江東, 國險而民附, 可與爲援, 而不可圖. 荊州用武之國, 益州險塞, 沃野千里, 天府之土. 若跨有荊益, 保其巖阻, 天下有變, 荊州之軍向宛洛. 益州之衆出秦川, 孰不簞食壺漿, 以迎將軍乎?」
備曰:「善!」
與亮情好日密, 曰:「孤之有孔明, 猶魚之有水也.」

【襄陽】河南에 속하며 南陽郡.
【隆中】地名. 襄陽에 있음.
【訪】'謀'와 같음.
【孔明】諸葛亮의 字.
【天府之土】물산이 풍부한 지역을 일컫는 말.

(4) 방통龐統

한편 방사원龐士元은 이름이 통統이었으며 방덕공龐德公의 조카였다. 방덕공은 평소 명망이 높아 제갈량은 매번 그의 집에 이르면 홀로 침상 아래에서 절할 정도였다.

士元名統, 邦德公從子也. 德公素有重名, 亮每至其家, 獨拜床下.

【龐士元】龐統(177~214). 자는 士元. 제갈량과 함께 '臥龍, 鳳雛'로 불렸던 인물.

364 적벽지전 赤壁之戰

(1) 그대와 오나라에서 사냥을 하고자 하오

조조가 유표劉表를 쳐 유표가 전사하자 아들 유종劉琮은 형주를 들어 조조에게 항복하고 말았다. 유비는 강릉江陵으로 달아났으나 조조가 추격해 오자 다시 하구夏口로 달아났다. 조조는 강릉으로 진군시켜 드디어 동쪽吳으로 내려갔다. 이때 제갈량이 유비에게 말하였다.
"손장군孫將軍에게 구원을 청합시다."
제갈량이 손권孫權을 만나 설득하자 손권은 크게 기뻐하였다. 이때 조조가 손권에게 글을 보냈다.
"지금 수군 80만을 정비하여 그대와 오吳에서 사냥을 하고자 하오."
손권이 이 글을 여러 신하에게 보이자 실색하지 아니하는 자가 없었다. 장소張昭는 조조를 맞이하기를 청하였고, 노숙魯肅은 불가하다고 하면서 손권에게 주유周瑜를 불러 의견을 들어보자고 권하였다. 주유가 이르러 말하였다.
"청컨대 수만의 정병을 주십시오. 하구夏口로 나가 장군을 위해 조조를 깨뜨리겠습니다."
손권은 칼을 빼어 올린 글을 놓아두었던 탁자를 내리치며 이렇게 말하였다.
"장군들과 관리들 중에 감히 조조를 맞아 항복하자는 말을 하는 자는 이 탁자와 같이 될 것이오!"

○ 曹操擊劉表, 表卒, 子琮擧荊州降操. 劉備奔江陵, 操追之, 備走夏口. 操進軍江陵, 遂東下.
亮謂備曰:「請求救於孫將軍.」

亮見權說之, 權大悅. 操遺權書曰:「今治水軍八十萬衆, 與將軍會獵於吳.」

　　權以示羣下, 莫不失色. 張昭請迎之. 魯肅以爲不可, 勸權召周瑜. 瑜至, 曰:「請得數萬精兵, 進往夏口, 保爲將軍破之.」

　　權拔刀斫前奏案曰:「諸將吏, 敢言迎操者, 與此案同!」

【江陵】湖北에 속하며 荊州.
【夏口】江夏縣의 서쪽.

(2) 적벽의 전투

　　드디어 주유에게 3만의 정병을 주어 유비와 합세하여 조조의 군사를 맞아 적벽赤壁에서 만났다. 이 때 주유의 부장副將 황갑黃蓋이 말하였다.
　　"조조의 군사가 바야흐로 전함戰艦을 진격시키며 머리와 꼬리를 서로 붙여놓고 있습니다. 불을 질러버리면 도망갈 것입니다."
　　이에 몽충蒙衝과 투함鬪艦 10척을 골라 건조시킨 갈대와 마른 장작을 싣고 그 속에 기름을 부었다. 겉을 휘장으로 싸서 덮고 그 위에 기를 꽂았다. 그리고 미리 그 꼬리에는 도망쳐 빠져나올 작은 배를 매어 준비해 놓았다.
　　그에 앞서 조조에게 항복하고자 한다고 거짓 글을 보내두었다. 때마침 동남풍이 세게 불어왔다. 황갑은 배 10척을 가장 앞에 내세워, 강의 중간쯤 이르자 일제히 돛을 올리고, 나머지 배들은 그 뒤를 따라 일제히 나아가도록 하였다. 조조의 군사는 모두 이를 가리키며 이렇게 말하였다.

〈유비가 손권과 연합하여 조조에게 대승을 거둔 적벽〉 湖北 嘉魚縣

"황갑이 항복해 온다!"

2리쯤 떨어진 거리에서 동시에 불이 붙었다. 불길은 솟아오르고 바람은 무서웠다. 배는 마치 화살처럼 내달아 북쪽 배들을 모두 태워버렸으며 화염이 하늘에 가득하였고, 사람과 말은 빠져죽고 타죽어 죽은 자가 심히 많았다.

주유 등은 가볍고 예리한 군대를 인솔하여 우레 같은 북소리를 울리며 일제히 진격하였다. 북군은 크게 패하였고 조조는 도망하여 되돌아가고 말았다.

遂以瑜督三萬人, 與備幷力逆操, 進遇於赤壁.
　瑜部將黃蓋曰:「操軍方進船艦, 首尾相接, 可燒而走也.」
　乃取蒙衝鬪艦十艘, 載燥荻枯柴, 灌油其中, 裹帷慢, 上建旌旗, 豫備走舸繫於其尾.
　先以書遺操, 詐爲欲降. 時東南風急, 蓋以十艘最著前, 中江擧帆, 餘船以次俱進.
　操軍皆指言:「蓋降!」
　去二里餘, 同時發火. 火烈風猛, 船往如箭, 燒盡北船, 烟焰漲天, 人馬溺燒, 死者甚衆. 瑜等率輕銳, 雷鼓大進. 北軍大壞 操走還.

【赤壁】원래 절벽 이름으로 武昌府의 浦圻縣 西北에 있음.
【黃蓋】인명. 蓋은 '갑'으로 읽음.(音甘入聲. -원주)
【艦】전함으로 지붕을 판자로 덮어 화살을 방어하도록 되어 있음.
【蒙衝】배의 몸체가 좁고 긴 것을 '몽충'이라 하며 적선에 충돌하는 공격용 전함.(船狹而長曰蒙衝, 以衝突敵船者也. -원주)
【荻】갈대나 모싯대 풀.(萑也. -원주)

(3) 개돼지만도 못한 자식들

　그 뒤에 조조는 여러 차례 손권을 공격하였으나 뜻을 이루지 못하였다. 이에 조조는 이렇게 탄식하였다.
　"아들을 낳는다면 의당 손중모孫中謨 같아야지. 방금 유경승劉景升의 아들 따위는 개돼지 새끼에 불과하지."

後屢加兵於權, 不得志, 操歎息曰:「生子當如孫仲謀, 向者劉景升兒子, 豚犬耳.」

【仲謀】 孫權의 字.
【景升】 劉表의 字.

365 유비劉備와 손권孫權

(1) 형주荊州를 유비에게

유비가 형주荊州와 강남江南의 군을 따라 순시할 때 주유가 손권에게 글을 올렸다.

"유비는 올빼미 같은 영웅姦雄의 자질을 가지고 있으며 웅호熊虎와 같은 장수 관우關羽와 장비張飛를 거느리고 있습니다. 이 세 사람을 같은 강역疆場에 모아 두는 것은 교룡蛟龍이 운우雲雨를 만나게 하는 것으로 그들이 끝내 못 속에 그대로 머물러 있지 않게 될까 걱정입니다. 유비를 오吳로 옮기도록 함이 마땅합니다."

손권은 그의 말을 따르지 않았다. 주유는 북쪽의 조조를 칠 계획

〈유비〉 閻立本《歷代帝王圖》

을 세웠으나, 마침 병들어 죽고 말아 노숙魯肅이 주유의 군사를 대신 거느리게 되었다. 노숙이 손권에게 권하였다.

"형주를 유비에게 빌려 줍시다."

손권은 그의 의견을 좇았다.

○ 劉備徇荊州・江南諸郡, 周瑜上疏於權曰:「備有梟雄之姿, 而有關羽・張飛熊虎之將. 聚此三人在疆場, 恐蛟龍得雲雨, 終非池中物也, 宜徙備置吳.」
　權不從. 瑜方議圖北方, 會病卒, 魯肅代領其兵.
　肅勸權:「以荊州借劉備.」權從之.

【梟】원래 水蟲으로 뱀과 같으나 네 발이 있으며 능히 사람을 해친다 함.(水蟲, 似蛇四足, 而能害人者也. －원주)
【疆場】강역.
【蛟】龍의 종류에 속하며 뿔이 없다 함.(龍屬無角. －원주)

　(2) 괄목상대刮目相待

　손권의 장수 여몽呂蒙은 원래 배운 것이 없었다. 손권이 여몽에게 글을 읽도록 권하였다. 노숙은 뒤에 여몽과 의견을 토론하면서 크게 놀라 이렇게 말하였다.
　"그대는 이미 옛날의 '오하吳下의 아몽阿蒙'이 아니오."
　여몽은 이렇게 말하였다.
　"선비란 헤어지고 사흘만 지나면 마땅히 괄목상대刮目相待해야 하오."

　權將呂蒙, 初不學, 權勸蒙讀書.
　魯肅後與蒙論議, 大驚曰:「卿非復吳下阿蒙.」
　蒙曰:「士別三日, 卽當刮目相待.」

【刮目相待】刮目相對와 같음.

366 유비劉備, 방통龐統, 관우關羽

(1) 겨우 백 리를 다스릴 자가 아닙니다

　유비는 처음에 방통龐統을 등용하여 뇌양耒陽의 현령을 삼았었는데, 제대로 다스리지를 못하였다. 노숙이 유비에게 편지를 보냈다.
　"방사원은 겨우 백 리를 다스릴 인재가 아닙니다. 그를 치중별가治中別駕를 삼으면 그 천리마의 발을 펼칠 수 있을 것입니다."
　유비는 그를 다시 등용하였다. 그는 익주益州를 빼앗을 것을 건의하였다.
　유비는 이에 관우로 하여금 형주를 지키도록 머물게 하고 군사를 거느리고 물을 거슬러 파巴에서 촉蜀으로 들어가 유장劉璋을 공격하여 성도成都에 입성하게 되었다.
　유비가 이미 익주를 얻고 나자 손권은 사신을 보내어 유비에게 형주를 반환하라고 요구하였다. 유비가 반환을 거절하자 드디어 투쟁이 벌어져 이윽고 형주를 나누어 갖게 되었다.

　○ 劉備初用龐統爲耒陽令, 不治.
　魯肅遺備書曰:「士元非百里才. 使爲治中別駕, 乃得展其驥足耳.」
　備用之. 勸取益州. 備留關羽守荊州, 引兵泝流, 自巴入蜀, 襲劉璋, 入成都. 備旣得益州, 孫權使人從備求荊州. 備不肯還, 遂爭之, 已而分荊州.

　【耒陽】衡州에 속하는 현 이름.
　【治中別駕】漢나라 제도에 치중에 자사가 군현을 순시할 때 따로 수레 하나로

傳車를 삼아 타고 다니므로 이를 '별가'라 함.(漢制:. 治中從刺史行部, 別乘一乘 傳車, 故曰別駕. -원주)
【泝】물을 역류하여 올라가는 것.(逆流而上. -원주)
【使人】諸葛瑾을 가리킴.

(2) 관우關羽의 죽음

유비는 촉으로부터 한중漢中으로 들어가 이를 취하고는 자립해서 한중왕漢中王이 되었다. 한중왕漢中王의 장수 관우關羽가 강릉江陵을 나와 번성樊城을 공격하여 양양襄陽을 빼앗자 허창許昌 이남은 먼 곳까지 모두 관우를 맞아 호응하여 그 위세가 화하華夏에 떨쳤다. 조조는

〈관우(雲長)〉《三才圖會》

도읍 허許를 옮겨 그 예봉을 피하려는 의논을 하는 지경에 이르고 말았다. 사마의司馬懿가 이렇게 말하였다.

"유비와 손권 둘 사이는 겉으로는 친한 것 같으나 속 마음은 소원합니다. 관우가 뜻을 얻은 것은 손권으로서는 틀림없이 원하던 바가 아닐 것입니다. 사람을 손권에게 보내어 관우의 배후를 밟아버리도록 권하십시오. 그리고 강남을 떼어 손권을 그곳에 봉하십시오."

조조는 이에 따랐다. 당시 오나라는 노숙魯肅이 이미 죽고 여몽呂蒙이 뒤를 이었는데 그 역시 손권에게 관우를 치기를 권하고 있었다. 조조의 군사가 번성樊城을 구원하자 손권의 장수 육손陸遜이 다시 관우의 배후를

습격하였다. 관우가 낭패하여 달아나 돌아가자 손권의 군사가 관우를 추격하여 이를 잡아 참수하였다. 이리하여 드디어 형주荊州를 평정하였다.

　備自蜀取漢中, 自立爲漢中王. 漢中將關羽, 自江陵出, 攻樊城取襄陽, 自許以南, 往往遙應羽, 威震華夏.
　曹操至議徙許都以避其鋒, 司馬懿曰:「備權外親內疎, 關羽得志, 權必不願也. 可遣人勸權躡其後, 許割江南以封權.」
　操從之. 時魯肅已死, 呂蒙代之, 亦勸權圖羽. 操師救樊, 權將陸遜, 又襲羽後. 羽狼狽走還, 權軍獲羽斬之. 遂定荊州.

【樊城】襄陽에 속하는 현.
【華夏】中原을 일컫는 말.

367 제위를 선양받다

(1) 황제를 협박

처음 조조는 연주兗州 목牧으로 있다가 승상이 되어 기주冀州의 목牧을 하고 있었다.

그는 위공魏公에 봉해지자 업鄴 땅에 동작대銅雀臺를 세웠다.

이윽고 조조는 작위가 올라 위왕魏王이 되어 천자의 거마車馬와 의복을 사용하고 출입에도 경필警蹕이 있었으며 아들 조비曹丕를 왕태자王太子라 하였다. 조조가 죽고 아들 비丕가 들어서서도 스스로 승상과 기주목冀州牧을 겸하게 되자 위나라의 신하들이 이렇게 말하였다.

"위나라는 한나라를 대신해서 천자가 되어야 합니다."

조비는 드디어 황제를 협박하여 제위를 선양하도록 하고 황제를 산양공山陽公으로 삼았다.(A.D.220)

○ 初曹操自兗州牧, 入爲丞相, 領冀州牧. 封魏公, 作銅雀臺於鄴. 已而進爵爲王, 用天子車服, 出入警蹕, 以子丕爲王太子.

操卒, 丕立, 自爲丞相冀州牧, 魏羣臣言:「魏當代漢.」

丕遂迫帝禪位, 以帝爲山陽公.

【迫帝禪位】《通鑑》에 의하면 "建安 25년 正月에 魏王 曹操가 죽자 황제는 華歆을 보내어 太子 曹丕에게 魏王의 옥새와 인수를 주고, 王后를 王太后로 높여 부르게 함. 그리고 연호를 고쳐 延康이라 하고 10월에 禪讓하였다"라 함.
(通鑑: 建安二十五年正月, 魏王操卒. 帝遣華歆授太子丕魏王璽綬, 尊王后爲王太后. 又改元曰延康, 十月乃禪. -원주)

(2) 한나라의 종말

헌제獻帝는 재위 중에 연호를 세 번 고쳐 초평初平, 흥평興平, 건안建安이라 하였다. 그 중에서 건안 원년부터 25년까지는 조조가 정치를 하던 시기였다. 모두 31년까지 재위하다가 양위하고 다시 14년 만에 죽었다.
한漢나라는 고조高祖 원년元年에 왕이 되고, 5년 만에 황제에 되었으며, 이때에 이르러 24대, 426년간이었다. (B.C.202~A.D.220)

帝在位改元者三: 曰初平・興平・建安. 元年至二十五年, 則皆曹操爲政時也. 共三十一年, 禪位又十四年而卒.
漢自高祖元年爲王, 五年爲帝, 至是二十四世, 四百二十六年.

(十一) 三國[漢]

위魏 오吳 등 두 참국僭國을 부록으로 함(附魏吳二僭國).

368 한漢나라의 정통

내劉剡의 생각으로는 이러하다.

증선지曾先之는 "천하가 하나로 통일되지 않았을 경우, 원래 각기 하나의 국가로 여겨 편집하였다. 그리고 그렇게 하면 초학자가 시대의 전후에 혼란을 일으킬까 두려워 지금 여기서는 단지 하나의 나라 원류源流가 서로 이어져 있는 것을 앞으로 내세웠으며 같은 시대의 나라는 그 중간에 부기하였다"라 하였다.

이에 따라 증선지는 진수陳壽를 본받아서 위魏나라를 정통正統으로 하여 제帝라 일컫고 한漢과 오吳는 부록으로 처리한 것이다.

그러나 나는 이미 주자朱子의 《통감강목通鑑綱目》의 의례義例를 준수하고 《소미통감少微通鑑》을 개정하여 지금 다시 이 책을 정정, 한漢나라가 정통을 이어받은 것으로 한다.

按曾氏云:「天下非一統者, 本可各自一國編集, 又恐初學讀者, 迷其時代之先後, 今但以一國源流相接者爲提頭, 而附同時之國於其閒.」

而曾氏仍陳壽之舊, 以魏稱帝, 而附漢吳. 剡旣遵朱子綱目義例, 而改正少微通鑑矣. 今復正此書, 以漢接統云.

【按】이《십팔사략》이 당초 曾先之는 陳壽의《三國志》를 근거로 漢나라의 선양을 받아 이은 것이 魏나라이므로 그러한 순서로 기록하였다 하였으나, 유섬(劉剡)은 이에 동의하지 않고 혈통 위주의 蜀漢이 정통이라는 朱子의《通鑑綱目》과《少微通鑑》의 견해에 따라 이를 정정하였음을 밝힌 것임. 따라서 조선시대 출간된《十九史略通考》에는 이 구절이 없으며 中國 四明郡 庠刻本(西安市 文物管理委員會藏 元至正 二年 四明郡 庠刻本)《歷代十八史略》卷五의 첫머리는 「三國: 魏蜀吳」라 하고, 「自此以後, 天下非一統者, 本可各自一國編集首尾, 又恐初學讀者, 迷其時代之先後. 今但以一國源流相接者爲提頭, 而附同時之國於其間. 非有高下褒貶之意」라 하여, 『魏文皇帝 曹丕』로부터 시작하여 문장이 다르다. 【少微通鑑】宋나라 때 江贄가 편찬한《通鑑節要》50권. 江贄는 少微先生으로 불려 그 책이름이 유래됨.

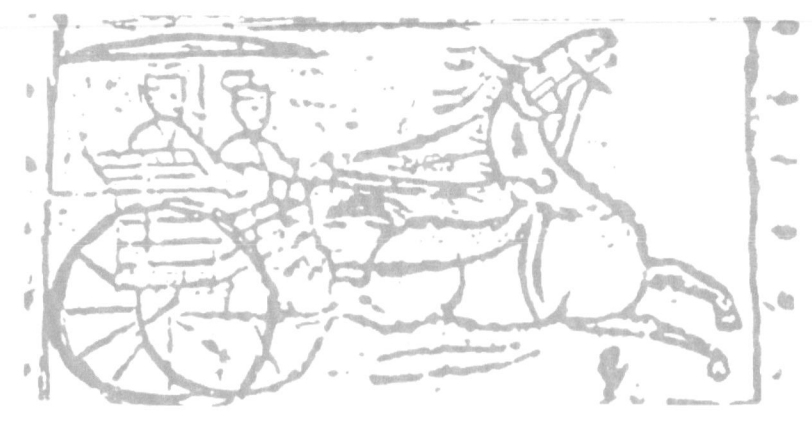

十八史略

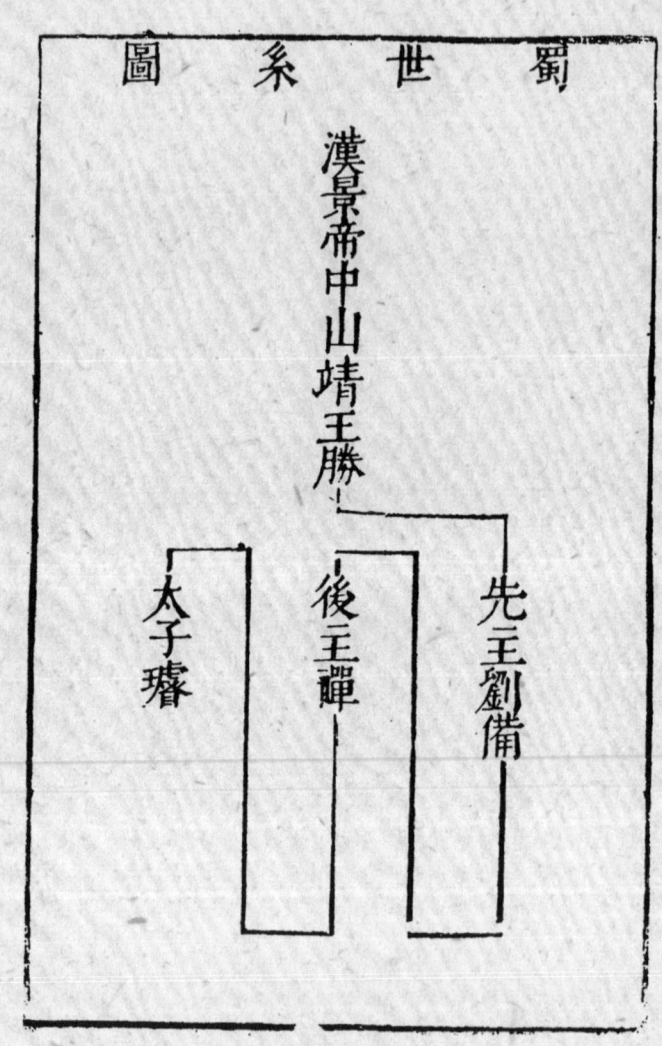

〈蜀漢世系圖〉《三才圖會》

1. 昭烈皇帝

> ◉ 삼국 蜀의 첫 황제.
> 劉備. 221년~223년 재위.

369 소열황제 昭烈皇帝

소열황제昭烈皇帝는 휘는 비劉備이며 사는 현덕玄德으로 전漢 경제景帝의 아들 중산정왕中山靖王 승劉勝의 후손이다. 큰 뜻을 품어 말이 적고 희로
喜怒의 감정을 얼굴에 드러내지 않았다. 키가 7자 5촌이었으며 손을 늘어뜨리면 무릎 아래까지 내려오고 돌아보면 자신의 귀를 볼 수 있었다.

〈촉한 호열제 유비〉《三才圖會》

昭烈皇帝:

諱備, 字玄德, 漢景帝子中山靖王勝之後. 有大志, 少言語, 喜怒不形. 身長七尺五寸, 垂手下膝, 顧自見其耳.

370 유비劉備가 제위에 오르다

촉蜀 땅에 이런 말이 전하였다.
"조비曹丕가 천자의 자리를 빼앗고 헌제獻帝는 이미 해를 입었다."
이에 한중왕漢中王, 유비는 천자의 상喪을 알리고 상복을 입었다. 그리고 헌제에게 효민황제孝愍皇帝라는 시호를 올렸다.
그 해 여름 4월, 유비는 무담산武擔山 남쪽에서 제위帝位에 올라 대사면을 내리고 연호를 장무章武로 고쳤다.(A.D.221)

○ 蜀中傳言:「曹丕簒立, 帝已過害.」
於是漢中王, 發喪制服, 諡曰孝愍皇帝.
夏四月, 卽帝位於武擔之南, 大赦, 改元章武.

371 재상 제갈공명

제갈공명을 재상으로 삼고, 허정許靖을 사도司徒로 삼았다.

○ 以諸葛亮爲丞相, 許靖爲司徒.

〈제갈량(공명)〉《三才圖會》

372 종묘를 세우다

종묘宗廟를 세워 고황제高皇帝 이하 역대 황제에게 제사를 올렸다.

○ 立宗廟, 祫祭高皇帝以下.

373 황후와 황태자를 세우다

부인 오씨吳氏로 황후를 삼고, 아들 선劉禪을 황태자皇太子로 삼았다.

○ 立夫人吳氏爲皇后, 子禪爲皇太子.

374 조비曹丕도 황제가 되다

위주魏主 비曹丕는 성이 조씨曹氏이며 패국沛國 초譙 땅 사람이다. 아버지 조조가 위왕魏王이 되어 조비가 그 뒤를 이었다. 먼저 조비는 구품관인九品官人 제도를 만들었으며, 지방의 주군州郡에도 구품중정九品中正이라는 관직을 설치하여 인물의 구별을 통해 그 고하를 품평하였다.
　조비는 한나라를 찬탈하고 자립하여 황제가 되자, 아버지 조조曹操를 태조무황제太祖武皇帝라 추존하고 연호를 황초黃初로 고쳤다.(A.D.220)

○ 魏主丕, 姓曹氏, 沛國譙人也. 父操爲魏王, 丕嗣位. 首立九品官人之法, 州郡皆置九品中正, 區別人物, 第其高下. 丕旣簒漢, 自立爲帝, 追尊操爲太祖武皇帝, 改元黃初.

【官人之法】사람의 재능을 아홉 품계로 나누는 것으로 후세의 산관구품과 같다. (謂以人才第爲九品, 如後世散官九品也. ―원주)
● 원주에는 「九品」에 대하여 다음과 같이 기록하였다.
「元朝官九品, 有正有從, 文資一品, 正曰金紫光祿大夫, 銀靑榮祿太夫, 從曰光祿大夫, 榮祿大夫, 二品, 正曰資德大夫, 資政大夫, 資善大夫, 從曰正奉大夫, 通奉大夫, 中奉大夫, 三品, 正曰正議大夫, 通議大夫, 嘉議大夫, 從曰大中大夫, 中大夫, 亞中大夫, 四品, 正曰中議大夫, 中憲大夫, 中順大夫, 從曰朝請大夫, 朝散大夫, 朝列大夫, 五品, 正曰奉政大夫, 奉議大夫, 從曰奉直大夫, 奉訓大夫, 六品, 正曰承德郎, 承直郎, 從曰承務郎, 儒林郎, 七品, 正曰文林郎, 承事郎, 從曰徵事郎, 從仕郎, 八品, 正曰登仕郎, 將仕郎, 從曰登仕佐郎, 將仕佐郎, 九品, 正從直注曰初入仕官員, 武資一品, 正從同上, 二品, 正曰龍虎衛上將軍, 金吾衛上將軍, 驃騎衛上將軍, 從曰奉國上將軍, 輔國上將軍, 鎭國上將軍, 三品, 正曰昭勇大將軍, 昭毅大將軍, 從曰安遠大將軍, 定遠大將軍, 懷遠大將軍, 四品, 正曰廣威將軍, 宣威將軍, 從曰信武將軍, 顯武將軍, 五品, 正曰武節將軍,武德將軍, 從曰武略將軍, 武衆將軍, 六品, 正曰昭信校尉, 承信校尉, 從曰忠顯校尉, 忠武校尉, 七品, 正曰忠勇校尉, 忠翊校尉, 從曰敦武校尉, 修武校尉, 八品, 正曰進義校尉, 保義校尉, 從曰進義副尉, 保義副尉, 九品, 正從亦同上, 魏九品, 其亦不出乎此數者之目.」

375 저보다 나은 자가 수레에 가득합니다

소열제昭烈帝는 관우關羽의 죽음을 부끄럽게 여겨 스스로 장수가 되어 손권孫權을 쳤다. 손권이 화친을 청하였지만 이를 허락하지 않았다. 이에 손권은 사신을 위나라에 보냈고 위나라에서는 손권을 오왕吳王에 봉하였다. 이때 위주가 오나라 사신 조자趙咨에게 물었다.
"오왕은 자못 배운 것이 있습니까?"
조자가 말하였다.
"오왕은 어진 사람을 임용하고 유능한 사람을 써서 천하를 경략할 뜻을 가지고 있습니다. 비록 한가한 날일지라도 여러 역사책을 널리 보고 있으며 보통 서생書生처럼 문장을 찾거나 구절에 구애받은 그러한 것을 본받지 않습니다."
위주가 물었다.
"오나라는 위나라를 어렵게 여기는 것입니까?"
조자가 말하였다.
"오나라는 대갑이 백만으로 장강長江과 한수漢水를 성지城池로 하고 있습니다. 무엇을 어렵다고 여기겠습니까?"
위주가 말하였다.
"오나라에는 그대와 같은 사람이 몇이나 있소?"
조자가 말하였다.
"총명하고 특달한 자가 8, 90명 있습니다. 저에 비교될 자라면 수레로 싣고 말로 될 만큼 이루 다 헤아릴 수 없이 많습니다."

○ 帝恥關羽之沒, 自將伐孫權. 權求和, 不許. 權遣使於魏, 魏封權爲吳王.
魏主問吳使趙咨曰:「吳王頗知學乎?」

咨曰:「吳王任賢使能, 志存經略, 雖有餘閒博覽書史, 不效書生尋章摘句.」

魏主曰:「吳難魏乎?」

咨曰:「帶甲百萬, 江漢爲池, 何難之有?」

曰:「吳如大夫者幾人?」

咨曰:「聰明特達者, 八九十人. 如臣之比, 車載斗量, 不可勝數.」

【車載斗量】이 고사는《三國志》吳志 吳主孫權傳에 실려 있음.

376 촉한蜀漢과 동오東吳의 싸움

소열제는 무협巫峽으로부터 이릉夷陵에 이르기까지 수십 개의 둔영屯營을 세워 오나라와 서로 여러 달 대치하였다. 오나라 장수 육손陸遜이 그 40여 개의 둔영을 연달아 격파하여오자 황제는 밤을 타 달아났다.

○ 帝自巫峽至夷陵, 立數十屯, 與吳軍相拒累月. 吳將陸遜連破其四十餘營, 帝夜遁.

【巫峽】 夔州府의 巫山縣에 있는 중국 長江三峽 중의 하나.

377 위나라와 오나라의 싸움

위주는 오나라가 시자侍子를 보내겠다고 해 놓고도 오지 않자 노하여 오나라를 쳤다. 오왕은 연호를 황무黃武로 고치고(A.D.222) 강江에 임하여 막아 지켰다.

○ 魏主責吳侍子, 不至, 怒伐之. 吳王改元黃武, 臨江拒守.

378 유비가 죽다

3년 4월 여름, 소열제가 죽었다. 재위 3년에 연호는 하나였으며 장무章武라 하였다. 시호를 소열황제昭烈皇帝라 하였다. 태자 유선劉禪이 위에 올라 제갈량諸葛亮을 무향후武鄕侯에 봉하였다. 태자가 이미 즉위하였으니 이가 후황제後皇帝이다.(A.D.223)

○ 三年夏四月, 帝崩. 在位三年, 改元者一, 曰章武. 諡曰昭烈皇帝. 太子禪卽位, 封亮爲武鄕侯. 太子旣立, 是爲後皇帝.

2. 後皇帝

◉ 後主. 三國 蜀의 2대 황제.
劉禪. 223년~263년 재위.

379 후황제後皇帝

(1) 대권을 가져도 좋소

후황제의 이름은 선劉禪이며 자는 공사 公嗣로 소열황제의 아들이다. 나이 열일곱으로 제위에 올라 연호를 건흥建興으로 고쳤으며(A.D.223), 승상 제갈량이 소열제의 유조遺詔를 받들어 정치를 보좌하였다. 소열제는 임종하면서 제갈량에게 말하였다.

"그대의 재주는 조비曹丕에 비하여 열 배는 되니 틀림없이 능히 국가를 안정시키고 마침내 대사를 끝낼 수 있을 것이오. 내 사자嗣子를 보좌할 만하면 보좌할 것이며, 만약 불가하다고 여긴다면 그대가 스스로 대권을 가져도 좋소."

〈제갈량〉

제갈량은 눈물을 흘리며 말하였다.

"신이 감히 고굉股肱의 힘을 다하고, 충정忠貞의 절의를 본받아 이를 죽음으로 잇지 않을 수 있겠습니까?"

제갈량은 이에 우선 관직을 간략하게 하고 법제法制를 고쳐 신하들에게 교시를 내렸다.

"무릇 서명에 참여하는 관직이라면 많은 사람의 생각을 모아 충절忠節과 이익을 넓히도록 하라. 만약 조그만 혐의를 두고 서로 멀리하거나, 위배되고 엎어짐을 살피기를 어렵다고 여긴다면 시간만 보내어 손실만 나고 말 것이다."

後皇帝:

名禪, 字公嗣, 昭烈皇帝子也. 年十七卽位, 改元建興, 丞相諸葛亮受遺詔輔政, 昭烈臨終謂亮曰:「君才十倍曹丕, 必能安國家, 終定大事, 嗣子可輔輔之, 如其不可, 君可自取.」

亮涕泣曰:「臣敢不竭股肱之力, 效忠貞之節, 繼之以死?」

亮乃約官職修法制, 下敎曰:「夫參署者, 集衆思廣忠益也. 若遠小嫌, 難相違覆, 曠闕損矣.」

(2) 오나라와의 화해

제갈량은 등지鄧芝를 오나라에 보내어 수교를 트도록 하였다. 등지가 오왕을 보자 말하였다.

"우리 촉蜀은 겹으로 험고한 땅이며, 오나라에는 삼강三江의 험조險阻함이 있어 서로 입술과 이빨과 같은 관계이니 나아가면 천하를 취할 수가 있고 물러서면 세 솥발鼎足과 같이 서 있을 수 있습니다."
오나라는 드디어 위나라를 끊고 오로지 한나라와 화평을 도모하였다.

亮乃遣鄧芝, 使吳修好.
芝見吳王曰:「蜀有重險之固, 吳有三江之阻, 共爲脣齒, 進可兼幷天下, 退可鼎足而立.」
吳遂絶魏, 專與漢和.

【三江】婁江, 東江, 松江을 가리킴.

380 어쩔 수 없구나

위주가 수군水軍으로 오나라를 공격해오자 오나라는 강江에 전함戰艦을 열을 세워 위나라를 막았다. 이 때 강물이 불어나자 위주는 강에 임하여 바라보며 이렇게 탄식하였다.
"내 비록 무부武夫가 천 명이나 된다 해도 어찌해 볼 수가 없구나!"
그리고 군사를 되돌렸다.

○ 魏主以舟師擊吳, 吳列艦于江. 江水盛長, 魏主臨望歎曰:
「我雖有武夫千羣, 無所施也!」
於是還師.

381 칠종칠금七縱七擒

남이南夷가 한나라를 배반하자 승상 제갈량이 가서 이를 평정하였다. 맹획孟獲이라는 자가 있어 평소 이전에 남이와 한나라에 복종하였었다. 제갈량은 맹획을 사로잡아, 그에게 한나라의 진영을 구경시킨 다음 이를 풀어주고 다시 싸움을 벌였다. 이렇게 일곱 번 사로잡아 일곱 번을 풀어주었다. 그리고도 오히려 보내주자 맹획은 다시 돌아갈 생각을 버리고 이렇게 말하였다.

"공은 하늘의 위엄입니다. 남인은 다시는 배반하지 않을 것입니다."

○ 南夷畔漢, 丞相亮往平之. 有孟獲者, 素爲夷漢所服. 亮生致獲, 使觀營陣, 縱使更戰.

七縱七禽, 猶遣獲, 獲不去, 曰:「公天威也, 南人不復反矣.」

【七縱七擒】이는 널리 알려진 고사로《漢晉春秋》唐 章孝標의 〈諸葛武侯廟〉 시에 "七縱七擒何處在, 茅花櫪葉蓋神壇"이라 함.
【禽】'擒'과 같음.

382 남북의 한계를 긋는구나

위주는 다시 수군을 이끌고 오나라에 임하였으나 이번에도 파도가 흉용한 것을 보고 이렇게 탄식하였다.
"아! 진실로 하늘이 남북으로 한계를 그어 놓는구나."

○ 魏主又以舟師臨吳, 見波濤洶湧, 歎曰:「嗟乎! 固天所以限南北也.」

【洶湧】 파도가 심함을 표현한 말.

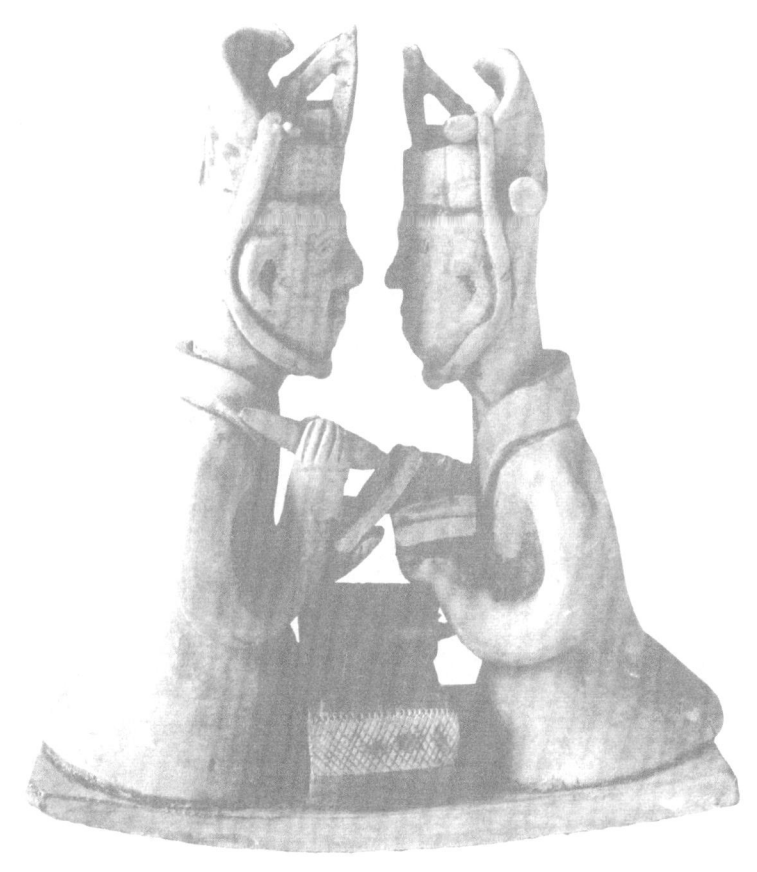

十八史略

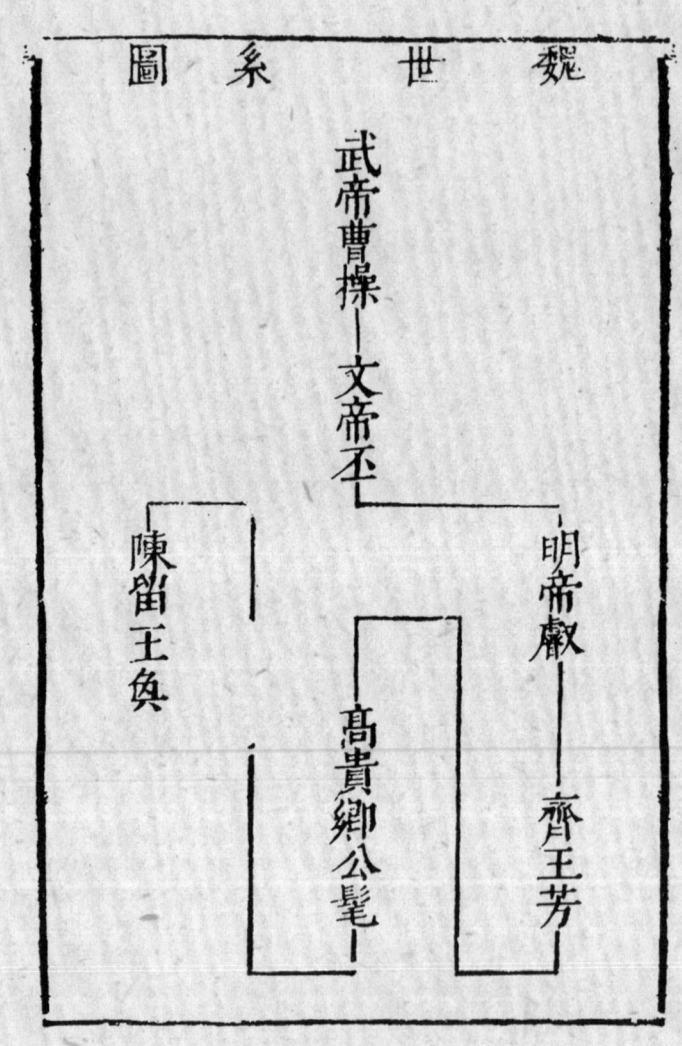

〈魏世系圖〉《三才圖會》

383 조비曹丕와 조예曹叡

(1) 조비가 죽다

위주 조비가 죽었다.(A.D.226) 제위를 참칭僭稱하기 7년, 연호는 한번으로 황초黃初라 하였으며 시호를 문황제文皇帝라 하였다. 아들 예曹叡가 제위에 오르니 이가 명제明帝이다.

∪ 魏主丕殂, 僭位七年, 改元者
一, 曰黃初, 諡曰文皇帝.
　子叡立, 是爲明帝.

〈위 태조 조조〉《三才圖會》

(2) 어미 없는 사슴

조예의 어머니는 주살 당하였다. 조비가 일찍이 조예와 사냥을 나간 적이 있었는데 어미 사슴을 보고 자신은 그 어미 사슴을 쏘고는 조예로 하여금 그 새끼 사슴을 쏘도록 하였다. 조예는 눈물을 흘리며 이렇게 말하였다.
"폐하께서 이미 어미 사슴을 죽이셨으나 신은 차마 그 새끼를 죽이지 못하겠습니다."
　조비는 측은히 여겼다. 이때에 이르러 조예는 황태자가 되어 제위에 올랐다.

叡母被誅. 丕嘗與叡出獵, 見子母鹿, 旣射其母, 使叡射其子, 叡泣曰:「陛下已殺其母, 臣不忍殺其子.」

丕惻然. 及是爲嗣, 卽位.

【被誅】黃初 2년(221) 曹叡의 어머니 甄氏가 郭貴嬪의 참소로 사약을 받아 죽었음.

384 처사處士 관녕管寧

처사處士 관녕管寧은 자가 유안幼安으로 동한東漢말부터 피신하여 요동遼東에서 37년이나 있었다. 조비가 부르자 이에 바다를 건너 서쪽 위나라로 돌아왔으나 관직을 주어도 받지 않았다.

○ 處士管寧字幼安, 自東漢末, 避地遼東, 三十七年. 魏徵之, 乃浮海西歸, 拜官不受.

【管寧】 자는 幼安. 삼국시대. 魏의 先虛人. 春秋 齊나라 때 管仲의 후손으로 遼東에 피해 살다가 魏의 文帝·明帝 때 버들을 내렸으나, 끝내 사양하였음. 華歆과의 "割席絶交"라는 고사를 남긴 것으로 유명함.(《世說新語》德行篇)

385 출사표 出師表

한나라 승상 제갈량이 군사를 거느리고 북쪽 위나라를 치러 떠나면서 상소하였다.

"지금 천하가 삼분三分되어 익주益州는 피폐해 있습니다. 이는 위급존망危急存亡의 때입니다. 폐하께서는 마땅히 성청聖聽을 여시어 충간忠諫의 길을 막는 일이 없도록 하셔야 합니다. 궁중과 부중府中은 하나로 삼아 승진昇進과 주벌, 그리고 남을 평가함에 이동이 있어서는 안 될 것입니다. 만약 간사한 짓으로 죄를 범하는 자나, 충의 선량한 자가 있으면 이는 의당 유사有司에 맡겨 그 상벌을 의논케 하시어 공평하고 정명한 정사를 천하에 보이시도록 하십시오. 어진 신하를 가까이 하시고, 소인을 멀리하는 것은, 전한前漢이 흥륭興隆하게 된 소이所以요, 소인을 가까이 하고, 어진 신하를 멀리한 것은 동한東漢이 기울어 쇠퇴하게 된 원인입니다.

저는 본래 포의布衣의 몸으로 남양南陽에서 농사를 지으며 그저 난세亂世에 생명이나 구차스럽게 보전하면 그뿐 제후에게 이름이 나기를 바라지도 않았습니다. 그런데 선제先帝께서 저를 비루하다 여기지 아니하시고 외람되이 귀하신 몸을 숙여 세 번이나 저의 초려草廬를 찾으시어 저에게 당세當世의 일을 물으셨습니다. 이에 감격하여 선제를 위하여 부림을 당해 내닫기를 허락하였던 것입니다.

선제께서는 저의 근신勤愼함을 아시고, 붕어崩御하실 때 국가의 큰일을 부탁하셨습니다. 명을 받고 나서 저는 밤낮으로 두려워하며 그 부탁에 효험을 내지 못해 선제의 명철하심을 손상시키지나 않을까 걱정하였습니다. 그리하여 작년 5월, 남쪽 노수瀘水를 건너, 불모不毛의 땅에 깊이 들어가 지금 남방이 이미 평정된 것입니다. 그리고 군사가 충분하여 이제 삼군을 장려하여 거느려 북으로 중원을 평정하여, 한나라 사직을 부흥시켜 구도舊都로 돌아가고자 합니다. 이것이 신이 선제의 은혜에 보답하고, 폐하에게 충절忠節을 다하는 직분입니다."

이리하여 드디어 한중漢中에 주둔하였다.

○ 漢丞相亮, 率諸軍北伐魏, 臨發上疏曰:「今天下三分, 益州疲弊, 此危急存亡之秋也. 宜開張聖聽, 不宜塞忠諫之路. 宮中府中, 俱爲一體, 陟罰臧否, 不宜異同. 若有作姦犯科, 及忠善者, 宜付有司, 論其刑賞, 以昭平明之治. 親賢臣遠小人, 此先漢所以興隆也; 親小人遠賢臣, 此後漢所以傾頹也.

臣本布衣, 躬畊南陽, 苟全性命於亂世, 不求聞達於諸侯. 先帝不以臣卑鄙, 猥自枉屈, 三顧臣於草廬之中, 諮臣以當世之事. 由是感激, 許先帝以驅馳. 先帝知臣謹愼, 臨崩, 寄以大事. 受命以來, 夙夜憂懼, 恐付託不效, 以傷先帝之明. 故五月渡瀘, 深入不毛, 今南方已定. 兵甲已足, 當獎率三軍, 北定中原, 興復漢室, 還于舊都. 此臣所以報先帝, 而忠陛下之職分也.」

遂屯漢中.

【瀘】물 이름. 邛都에서 발원하여 동쪽 長江으로 흘러드는 물.
【中原】關中의 땅을 말함.
【舊都】長安과 洛陽을 가리킴.

386 한나라와 위나라는 양립할 수 없다

이듬해 제갈량은 대군을 이끌고 기산祁山을 공격하였다. 군대의 진영은 정연하며 호령이 분명하고 엄숙하고 분명하였다. 위나라에서는 소열제昭烈帝가 죽고 나서 몇 년 동안 잠잠하고 아무 소리가 소문이 없어 대략 방비도 없었다. 그러나 갑자기 제갈량이 나섰다는 소식을 듣고 조야朝野가 두려움에 떨었다.

이에 위나라의 천수天水와 안정安定 등의 군이 제갈량에게 호응하자 관중關中은 놀라 소리가 울렸다. 위주魏主는 장안長安으로 가서 장합張郃을 파견하여 이에 맞서도록 하였다. 제갈량은 마속馬謖으로 하여금 군사를 지휘하여 가정街亭에서 싸우도록 하였다. 그러나 마속은 제갈량의 지휘와 헤아림을 어겨 결국 장합의 군사가 그를 크게 패배시키고 말았다. 제갈량은 이에 한중으로 돌아와 이윽고 다시 후제後帝에게 이렇게 말하였다.

"한나라와 적 위나라와는 양립할 수 없으며, 왕업王業이란 이렇게 치우쳐 편안을 누린다고 되는 것은 아닙니다. 저는 몸을 숙여 힘을 쏟되 죽은 이후에나 그칠 것입니다. 왕업의 성패와 싸움의 승패는 제가 능히 미리 예측할 수 있는 것이 아닙니다."

이리하여 군사를 이끌고 산관散關으로 출병하여 진창陳倉을 포위하였으나 이기지 못하였다.

○ 明年率大軍攻祁山, 戎陣整齊, 號令明肅. 始魏以昭烈旣崩, 數歲寂然無聞, 略無所備, 猝聞亮出, 朝野恐懼.

於是天水・安定等郡, 皆應亮, 關中響震. 魏主如長安, 遣張郃拒之. 亮使馬謖督諸軍, 戰于街亭. 謖違亮節度, 郃大破之.

亮乃還漢中, 已而復言於漢帝曰:「漢賊不兩立, 王業不偏安.
臣鞠躬盡力, 死而後已, 至於成敗利鈍, 非臣所能逆覩也.」
　　引兵出散關, 圍陳倉, 不克.

【安定】陝西에 속하며 지금의 涇州.
【街亭】秦州 隴城에 있는 지명.
【逆覩】預見과 같음.
【散關】鳳州 梁泉縣에 있는 관문.
【陳倉】扶風에 속하는 읍 이름.

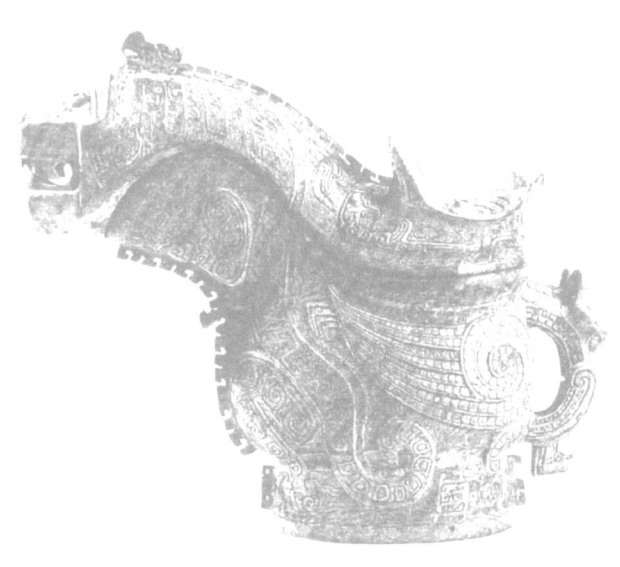

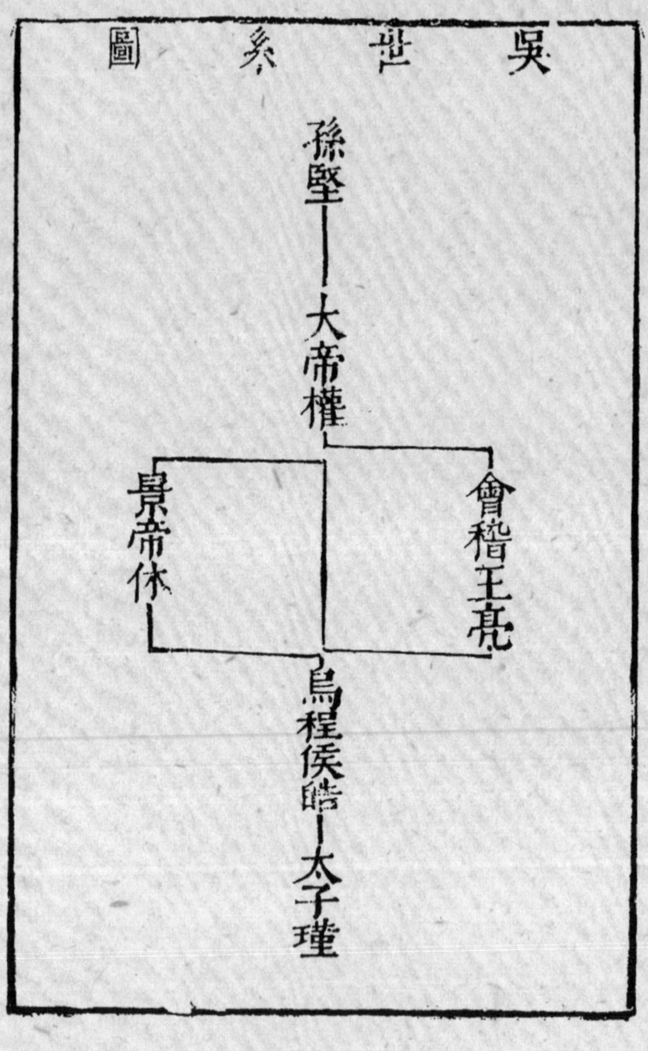

十八史略

吳世系圖

孫堅 ― 大帝權 ┬ 會稽王亮
　　　　　　 ├ 景帝休
　　　　　　 └ 烏程侯皓 ― 太子瑾

〈吳世系圖〉《三才圖會》

387 오나라, 건업建業에 도읍하다

오왕吳王 손권孫權이 무창武昌에서 황제를 자칭하고 아버지 손견孫堅을 무열황제武烈皇帝로 추존追尊하였으며, 형 손책孫策을 장사환왕長沙桓王에 봉하고 이윽고 건업建業으로 도읍을 옮겼다.

○ 吳王孫權, 自稱皇帝於武昌, 追尊父堅, 爲武烈皇帝, 兄策爲長沙桓王, 已而遷都建業.

〈오 대제(손권)〉《三才圖會》

【武昌】湖廣에 속하는 府.
【建業】江東郡에 속하며 명나라 때의 應天府. 지금의 남경.

388 죽은 제갈량이 산 중달仲達을 도망치게 하다

(1) 촉나라를 호랑이처럼 두렵게 여기시다니

촉한蜀漢의 승상 제갈량은 다시 위나라를 쳐서 기산祁山을 포위하였다. 위나라는 사마의司馬懿를 보내어 제군을 통솔하여 제갈량에게 맞서도록 하였다. 사마의가 싸우려 들지 않자 가후賈詡 등이 말하였다.

"공께서 촉蜀을 호랑이처럼 두려워하시니 천하의 웃음거리가 되면 어쩌실 것입니까?"

사마의는 그제야 장합張郃으로 하여금 제갈량에게 향하도록 하였다. 제갈량은 이를 맞아 싸워 위나라 군사를 대패시켰다. 그러다 제갈량이 식량이 다하여 물러설 수밖에 없게 되자 장합은 추격하여 제갈량과 싸웠지만 복병의 화살에 맞아 죽었다.

○ 蜀漢丞相亮, 又伐魏, 圍祁山. 魏遣司馬懿督諸軍拒亮, 懿不肯戰, 賈詡等曰：「公畏蜀如虎, 奈天下笑何?」

懿乃使張郃向亮. 亮逆戰, 魏兵大敗. 亮以糧盡退軍, 郃追之, 與亮戰, 中伏弩而死.

(2) 여자 옷이나 입어라

제갈량은 돌아와 농사를 권장하고 무예武藝를 닦았으며, 목우木牛와 유마流馬를 만들고 낮은 곳은 판자를 붙여 길을 내었다. 그리고는 백성을 휴식토록 하였다. 그리고 3년이 지난 후에 다시 용병하여 10만의 군사를 모으게 되자, 다시 사곡구斜谷口로 진출하여 위나라 정벌에 나서 위수渭水 남쪽 기슭에 진을 쳤다. 위나라는 대장군 사마의가 군사를 이끌고 와서 이를 막았다.

제갈량은 이전에 자주 출정하였으나 항상 군량의 수송이 잘 되지 않아 뜻을 이루지 못하였다고 여겨 이에 병사를 나누어 둔전屯田토록 하였다. 그리하여 농사를 짓는 자는 위수 연안의 주민 가운데 섞여 살고 있었는데, 군인들이 사사롭게 괴롭힘이 없어 그곳 백성은 모두 안심하고 생업生業에 종사하고 있었다. 제갈량은 여러 차례 사마의에게 도전하였으나, 사마의는 나오지 않는 것이었다. 이에 제갈량은 사마의에게 부인들이 입는 두건頭巾과 목도리를 선물하였다.

亮還勸農講武, 作木牛流馬, 治邸閣, 息民休士. 三年而後用之, 悉衆十萬, 又由斜谷口伐魏, 進軍渭南. 魏大將軍司馬懿, 引兵拒守. 亮以前者數出, 皆運糧不繼, 使己志不伸, 乃分兵屯田. 耕者雜於渭濱居民之間, 而百姓安堵, 軍無私焉. 亮數挑懿戰, 懿不出, 乃遺以巾幗婦人之服.

【木牛】諸葛亮이 杜叡와 胡忠 등에게 제작토록 한 것으로 牛馬의 형상으로 그 속에 쌀을 담아 이를 운반할 수 있도록 한 것임.
【邸閣】'邸'는 '低'로도 쓰며 언덕의 낮은 곳에 판자를 붙여 길을 낸 것을 말함. (邸或作低. 謂岸傍低落著, 以閣板爲道也. —원주)
【幗】여인들이 쓰는 머리 수건이나 관.(婦冠. —원주)

(3) 제갈량의 죽음

제갈량의 그 사자가 사마의의 군중에 이르자 사마의는 제갈량의 침식과 일의 번간 등만 질문할 뿐 군사軍事에 대해서는 언급이 없는 것이었다. 촉군의 사자가 대답하였다.
"제갈량은 아침 일찍 일어나 밤이 깊어서야 잠자리에 드시며 형벌은 태장 20대 이상의 것은 모두 친히 조사하십니다. 그런데 하루 식사는 몇 되에 지나지 않습니다."
사마의는 남에게 이렇게 고하였다.
"제갈공은 식사는 적게 하고 일은 번잡하니 그 어찌 능히 오래 견디겠는가?"
과연 제갈량의 병이 위독해지고 말았다. 어느 날 밤 큰 별이 나타났는데 붉고 꼬리가 있었으며 이 별이 제갈량의 진중으로 떨어지는 것이었다. 얼마 후 제갈량은 죽고 말았다.

亮使者至懿軍, 懿問其寢食及事煩簡, 而不及戎事, 使者曰: 「諸葛公夙興夜寐, 罰二十以上皆親覽, 所啖食不至數升.」
懿告人曰:「食少事煩, 其能久乎?」
亮病篤. 有大星, 赤而芒, 墜亮營中. 未幾亮卒.

【親覽】제갈량은 장죄 20이상인 자는 반드시 직접 살펴보았음을 말함.(言亮罰杖罪二十以上者, 必親臨也. -원주)

⑷ 죽은 제갈량이 산 중달을 달아나게 하다

장사長史 양의楊儀가 군대를 정돈하여 회군하자 그곳 백성들이 달려가 이를 사마의에게 알렸다. 사마의는 곧 추격에 나섰다.

그러자 강유姜維가 양의에게 명령하여 깃발을 돌려 북을 울리며 사마의를 향해 갈 듯이 하자 사마의는 두려워 감히 다가서지 못하는 것이었다. 이에 백성들이 이런 속담을 지어냈다.

〈사마의(仲達)〉《三才圖會》

"죽은 제갈량이 살아 있는 중달仲達, 司馬懿을 달아나게 하였다."
사마의는 웃으며 말하였다.
"나는 그가 살아 있을 때는 헤아려 알 수 있었지만 죽은 후에는 짐작할 수 없다."

長史楊儀, 整軍還, 百姓奔告懿, 懿追之. 姜維令儀反旗鳴鼓, 若將向懿, 懿不敢逼.

百姓爲之諺曰:「死諸葛, 走生仲達.」

懿笑曰:「吾能料生, 不能料死.」

【仲達】司馬懿의 字.

⑸ 팔진도八陣圖

제갈량은 일찍이 병법을 연역하여 팔진도八陣圖를 만들었다. 이때에 이르러 사마의는 행군의 진영과 보루를 살펴보고는 감탄하였다. "천하의 기재奇才로다."

亮嘗推演兵法, 作八陣圖.
至是懿案行其營壘, 歎曰:「天下奇材也.」

【八陳圖】天地風雲을 四正으로 삼고 龍虎鳥蛇를 四奇로 삼은 진법.(以天地風雲爲四正, 龍虎鳥蛇爲四奇. -원주)

⑹ 읍참마속泣斬馬謖

제갈량의 정치는 사사로움이 없었다. 마속馬謖은 평소부터 제갈량에게 인정을 받고 있었지만 그가 패배하자 눈물을 흘리면서 마속을 참수하였다. 그러나 그 후손은 불쌍히 여겨 도와주었다. 이평李平과 요립廖立 등은 모두 제갈량에 의해 서인庶人으로 폐위되었지만 제갈량이 죽었다는 말을 듣자 모두 탄식하며 눈물을 흘렸고 마침내 병이 나서 죽었다.

亮爲政無私, 馬謖素爲亮所知, 及敗軍流涕斬之, 而卹其後.
李平, 廖立, 皆爲亮所廢, 及聞亮之喪, 皆歎息流涕, 卒至發病死.

(7) 제갈량에 대한 역사의 평가

역사에는 이렇게 칭하고 있다.

"제갈량은 성심誠心을 열어 공도를 행하였다. 형치와 형법이 준엄하였으나 원망하는 자가 없었다. 참으로 정도政道를 아는 양재良材였다."

그리고 다시 이렇게 평하였다.

"그 재능은 나라를 다스리는데 능하였으나 군사 전략에는 뛰어나지 못하였다."

그러나 이는 잘못된 평가이다.

처음 제갈량은 황제에게 일찍이 이러한 글을 올린 적이 있다.

"신은 성도成都에 뽕나무 8백 그루와 척박한 농지 15경頃을 가지고 있습니다. 자녀의 의식은 그것으로 여유가 있어 따로 척촌의 생산도 할 것이 없습니다. 신이 죽은 뒤에 안으로 남은 옷을 두거나 밖으로 남은 재물을 두어 폐하를 부담스럽게 하지는 않을 것입니다."

이때에 이르러 마침내 그 말과 같았다. 시호를 충무忠武라 하였다.

史稱:「亮開誠心布公道, 刑政雖峻, 而無怨者, 眞識治之良材.」

而謂:「其材長於治國, 將略非所長.」則非也.

初丞相亮, 嘗表於帝曰:「臣成都有桑八百株, 薄田十五頃. 子弟衣食自有餘, 不別治生以長尺寸. 臣死之日, 不使內有餘帛, 外有贏材, 以負陛下.」

至是卒如其言, 諡忠武.

【史】《三國志》蜀志에 실려 있는 구절.

389 위魏나라의 토목공사

　위주魏主는 토목공사를 좋아하였다. 이에 앞서 허창궁許昌宮을 지었고 뒤에는 다시 낙양궁洛陽宮을 지었다.
　그리고 장안의 종거鍾簴와 탁타橐駝, 동인銅人, 승로반承露盤을 낙양洛陽으로 옮겼는데 그 때 승로반이 부러져 그 소리가 수십 리 밖에까지 들렸다고 하며, 동인은 무거워 운반할 수가 없어, 이에 구리를 크게 징발하여 동인 둘을 주조하여 낙양의 사마문司馬門 밖에 진열하여 앉히고 이를 옹중翁仲이라 불렀다.
　방림원芳林園에 흙으로 산을 만들어 온갖 나무와 좋은 풀들을 심고 새와 짐승을 잡아 그 안에서 길렀다. 간하는 자들의 의견은 전혀 듣지 않았다.

　○ 魏主性好土功. 先是旣治許昌宮, 後又作洛陽宮. 徙長安鍾簴橐駝銅人承露盤於洛陽. 盤折聲聞數十里, 銅人重不可致, 乃大發銅, 鑄銅人二, 列坐於司馬門外, 號曰翁仲. 起土山於芳林園, 植雜木善草, 捕禽獸致其中. 諫者皆不納.

【許昌】 許州에 속하는 읍. 長杜縣에 있음.
【橐駝】 낙타.
【司馬門】 궁궐 밖의 문을 사마문이라 함.(宮外門曰司馬. -원주)

390 명제明帝 조예가 죽다

위주가 병이 나자 사마의司馬懿를 불러 입조토록 하고 조상曹爽을 대장군으로 삼았다. 위주 조예曹叡가 죽었다.(A.D.239) 제위를 참칭한 지 14년, 연호를 세 번 고쳐 태화太和, 청룡靑龍, 경초景初라 하였다. 아들 방曹芳이 섰으니 이가 폐제廢帝 소릉여공邵陵厲公이다. 조방은 여덟 살에 즉위하여(A.D.240) 사마의와 조상이 유조遺詔를 받들어 정사를 보좌하였으며 사마의가 태부太傅가 되었다.

○ 魏主有疾, 召司馬懿入朝, 以曹爽爲大將軍. 魏主叡殂, 僭位十四年, 改元者三: 曰太和·青龍·景初. 子芳立, 是爲廢帝邵陵厲公.

芳八歲卽位, 司馬懿·曹爽, 受遺詔輔政, 懿爲太傅.

【太和】 즉위 2년에 연호를 고침.(227)
【厲公】 역사에는 이를 齊王芳이라 함. 文帝의 任城王의 아들이며 明帝가 그를 길러 태자로 삼아 邵陵晉으로 봉호를 삼았으며 厲는 그 시호임.(史稱齊王芳. 文帝兄任城王子, 明帝養爲太子, 邵陵晉所封號, 厲其諡也. -원주)

391 제갈량이 죽은 후

한나라는 승상 제갈량이 이미 죽고 장완蔣琬이 정치를 맡자 양민楊敏이 장완을 비방하였다.

"하는 일이란 제멋대로 하여 전 승상 제갈량에게 미치지 못한다."

어떤 사람이 양민을 조사하여 처벌할 것을 청하자 장완은 이렇게 말하였다.

"나는 진실로 전 사람에게 미치지 못하오. 그를 처벌할 수 없소."

장완이 죽고 비의費褘와 동윤董允이 정치를 맡아 공평히 하고 밝게 하였으며 충성을 다하였다. 동윤이 죽고 나자 강유姜維가 비의와 함께 정치를 맡았다.

○ 漢自丞相亮旣亡, 蔣琬爲政, 楊敏毁琬曰:「作事憒憒, 不及前人.」

或請推治敏, 琬曰:「吾實不如前人, 無可推.」

琬卒, 費褘·董允爲政, 公亮盡忠, 允卒, 姜維與費褘並爲政.

【前人】諸葛亮을 가리킴.

392 사마씨司馬氏의 등장

위나라 조상曹爽의 교만과 사치가 그 도를 넘자 사마의司馬懿가 죽이고 말았다. 사마의는 위나라 승상이 되어 구석九錫을 내렸으나 받지 않았다. 조상의 잔당 하후패夏侯霸가 촉蜀으로 도망하자 강유姜維가 하후패에게 물었다.

"사마의가 정권을 잡고 나서 다시 다른 나라를 정벌할 뜻을 가지고 있지나 않은지요?"

하후패가 말하였다.

"그는 가문을 세우는 데에 급급하여 바깥일에는 경황이 없습니다. 종사계鍾士季라는

〈종요〉《三才圖會》

사람이 있는데 비록 어리지만 만약 그가 조정에 관여한다면 오吳, 촉蜀의 근심거리가 될 것입니다."

魏曹爽驕奢無度, 司馬懿殺之. 懿爲魏丞相, 加九錫不受.
爽之黨夏侯霸奔蜀, 姜維問之曰:「懿得政, 復有征伐志否?」
霸曰:「彼營立家門, 未遑外事. 有鍾士季者, 雖少若管朝政, 吳蜀之憂也.」

【鍾士季】鍾會(225~264). 鍾皓의 증손이며 鍾繇의 아들. 蜀을 평정한 공로로 司徒에 올랐던 인물.

〈종요(元常)〉《三才圖會》

393 사마사 司馬師

위나라는 사마의가 죽자 그의 아들 사司馬師를 무군대장군撫軍大將軍으로 삼아 상서尙書의 일을 맡아보게 하였다.

○ 魏司馬懿卒, 以其子師爲撫軍大將軍, 錄尙書事.

394 손권이 죽다

오주吳主가 죽자(A.D.252) 시호를 대황제大皇帝라 하고 아들 양孫亮이 섰다.

○ 吳主殂, 謚曰大皇帝, 子亮立.

【吳主】孫權. 吳大帝라 함.

395 위나라 공격

한나라 비의費褘는 남을 널리 사랑하여 의심하는 일이 없었다. 그 때문에 위나라에서 항복해 사람에게 죽임을 당하였다. 강유姜維가 정치를 하게 되자 여러 차례 출병하여 위나라를 공격하였다.

○ 漢費褘, 汎愛不疑. 降人刺殺之. 姜維用事, 數出兵攻魏.

【降人】魏나라 장수 郭循을 가리킴.

396 위주魏主의 폐위

위나라 이풍李豊이 자주 위주魏主에게 불려가자, 사마사司馬師는 자기를 두고 말이 많음을 알아차리고 이풍을 죽여버렸다. 위주는 마음이 편치 않았다. 좌우가 사마사를 주살하도록 권하였으나 위주는 감히 이를 발설하지 못하였다.

사마사는 결국 위주를 폐해버렸다. 위주는 제위帝位를 참칭하기 16년, 연호를 두 번 고쳐 정시正始, 가평嘉平이라 하였다.

사마사는 고귀향공高貴鄕公을 맞아 세웠는데 이가 폐제廢帝이다. 이름은 모曹髦였으며 문제文帝의 손자이며 명제明帝의 조카였다. 나이 열 넷에 즉위하였다.

○ 魏李豊, 數爲魏主所召, 司馬師知其議己殺之. 魏主不平, 左右勸誅師, 魏主不敢發. 師廢魏主. 僭位十六年, 改元者二: 曰正始・嘉平. 師迎立高貴鄕公, 是爲廢帝. 名髦, 文帝之孫, 明帝之姪. 年十四卽位.

【正始】 즉위 2년에 연호를 고침.(240)
【高貴鄕】 大名府에 속하는 읍 이름.
【姪】 東海王 曹霖의 아들.

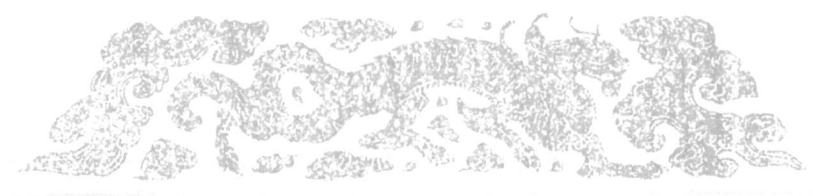

397 사마소司馬昭

양주揚州 도독都督 관구검毌丘儉과 자사刺史 문흠文欽이 기병하여 사마사를 쳤으나 사마사는 그들을 쳐서 패주시켰다.

사마사가 죽고 그의 아우 소司馬昭가 대장군이 되어 상서尙書의 일을 맡아보았다.

이윽고 사마소는 대도독大都督이 되어 황월黃鉞을 빌려 천자 행세를 하였다. 양주揚州 도독 제갈탄諸葛誕이 기병하여 사마소를 치자, 사마소가 제갈탄을 공격하여 죽였다. 사마소는 상국相國이 되어 진공晉公에 봉해졌으며 구석九錫을 더해 주었으나 받지 않았다.

○ 揚州都督毌丘儉, 刺史文欽, 起兵討司馬師, 師擊敗之. 師卒, 弟昭爲大將軍, 錄尙書事. 已而爲大都督, 假黃鉞. 揚州都督諸葛誕, 起兵討昭, 昭攻殺之. 昭爲相國, 封晉公, 加九錫不受.

【毌丘儉】 毌丘는 성이며 儉은 이름. 그러나 '毌丘'를 원주에는 '무구'(毌音無)로 읽도록 되어 있음.

【假黃鉞】 鉞은 큰 의장용 도끼로 황금으로 장식한 것임. 천자가 의장용으로 짚는 것인데 司馬昭가 도독이 되어 역시 이를 사용하여 假黃鉞이라 한 것임. (越. 大斧也. 以黃金爲飾, 乃天子之所杖也, 昭爲都督而亦用之, 故曰假. —원주)

398 꿀에 쥐똥이

오주吳主 손량孫亮이 친정하여 자주 중서성中書省에 나와 태제太帝 때의 구제舊制와 고사故事를 살펴보았다.
오주가 어느 날 날 매실梅實을 먹다가 너무 시어 꿀을 찾았다. 그런데 꿀 속에 쥐똥이 들어 있어 장리藏吏를 불러 물었다.
"황문이 너에게 꿀을 달라 한 적이 있는가?"
장리가 대답하였다.
"방금 달라는 것을 거절하였습니다."
황문이 그런 일이 없다고 불복하자 그 쥐똥을 갈라보도록 하였다. 쥐똥은 속이 말라 있었다. 이에 손량은 크게 웃으며 이렇게 말하였다.
"이 쥐똥이 먼저 꿀 속에 들어 있었다면 속과 겉이 모두 젖어 있을 것이다. 그런데 지금 겉은 젖어 있고 속이 말라 있는 것은 틀림없이 황문의 짓이리라."
그리고 힐문하자 과연 인정하였으며 좌우가 놀라 떨었다.
대장군 손침孫綝은 자주 어려운 질문을 받았었다. 이에 병을 일컫고 조정에 나오지 않다가 끝내 군사를 동원하여 궁성을 포위하여 손량을 폐하여 회계왕會稽王으로 강등시키고는 낭야왕琅琊王 휴孫休를 맞아 세웠다. 손휴가 서자 손침으로 승상을 삼았으나 손침은 새 왕에 대해서도 무례하게 굴다가 끝내 주살되고 말았다.

○ 吳主亮親政, 數出中書, 視太帝時舊事.
嘗食生梅索蜜, 蜜中有鼠矢, 召藏吏問曰:「黃門從爾求蜜邪?」
吏曰:「向求不敢與?」
黃門不服, 令破鼠矢, 矢中燥, 因大笑曰:「若矢先在蜜中, 中外俱濕, 今外濕內燥, 必黃門所爲也.」

詰之果服, 左右驚悚.

大將軍孫綝, 以其多所難問, 稱疾不朝, 以兵圍宮, 廢亮爲會稽王, 迎立瑯琊王休. 休立, 以綝爲丞相, 綝又無禮於新君, 遂被誅.

【失】'屎'와 같음.
【孫休】孫亮의 庶兄.

399 사마소司馬昭의 야심은 길가는 사람도 알고 있다

위나라의 폐제廢帝 모曹髦는 위세와 권력이 날로 떨어져 감을 보고, 그 분함을 참을 수 없어 이렇게 말하였다.
"사마소司馬昭의 야심은 길가는 사람도 다 알고 있다."
이리하여 궁궐의 숙위宿衛와 창두蒼頭, 관동官童을 거느리고 북을 치고 큰 소리를 치면서 달려 나와 사마소를 주살하고자 하였다. 사마소의 당인黨人인 가충賈充이 궁중에 들어가 위주魏主와 싸웠으며 성제成濟는 창을 뽑아 모髦를 찔렀다. 위주는 수레에서 떨어져 죽었으며 그를 추폐追廢하여 서인庶人으로 삼았다.(A.D.259)
참위僣位 7년, 연호를 두 번 고쳐 성원正元, 감로甘露라 하였다. 사마소는 상도향공常道鄕公 황曹璜을 맞아들여 세웠다. 이가 원황제元皇帝이다.
상도향공 원황제는 처음 이름이 황璜이었는데, 연왕燕王 우曹宇의 아들이며 조조曹操의 손자이다. 열다섯 살에 제위에 올라 이름을 환奐이라 고쳤다.(A.D.260)

○ 魏主髦見威權日去, 不勝其忿, 曰:「司馬昭之心, 路人所知也.」
率殿中宿衛蒼頭官僮, 鼓譟出欲誅昭. 昭之黨賈充, 入與魏主戰, 成濟抽戈刺魏主髦. 殞于車下, 追廢爲庶人. 僣位七年, 改元者二, 曰正元, 甘露. 司馬昭迎立常道鄕公璜, 是爲魏元皇帝.
常道鄕公元皇帝, 初名璜, 燕王宇之子, 操之孫也, 年十五卽位, 改名奐.

【成濟】成은 성씨이며 濟는 이름. 司馬昭와 같은 黨이었음.

400 제갈첨諸葛瞻 부자

한나라 강유羌維가 자주 위나라를 공격해오자 사마소는 걱정 끝에 등애鄧艾와 종회鍾會를 파견하여 군사를 이끌고 공격해 들어가게 하였다. 종회는 사곡斜谷, 낙곡駱谷, 자오곡子午谷으로부터 한중漢中으로 달려가고, 등애는 적도狄道로부터 감송甘松, 답중沓中으로 달려들어가 강유의 군사를 견제하였다. 강유는 종회가 이미 관중에 들어왔다는 말을 듣고 군사를 이끌고 답중으로부터 회군하였다.

그러자 등애가 그 뒤를 밟아 크게 싸웠다. 강유는 패하여 달아나 검각劍閣을 지키며 종회의 군사를 막았다. 등애는 나아가 음평陰平에 이르러 사람이 없는 7백 리를 행군하면서 산을 깎아 길을 내고, 골짜기에는 교각橋閣을 만들어 건넜다. 산이 높고 골짜기가 깊은 곳이면 등애는 담요로 몸을 싸서 사람으로 하여금 밀어 굴리게 하여 내려갔다. 장사들은 모두 나무를 잡고 벼랑을 타고 하여 마치 생선을 꿴 것처럼 하여 전진하였다.

이들이 강유江油에 이르자 글을 써서 한나라 장수 제갈첨諸葛瞻을 유혹하였다. 그러나 제갈첨은 그 사신을 참수해버리고 면죽綿竹에 진을 치고 기다렸지만 결국 패하고 말았다. 이렇게 한나라 장군 제갈첨이 패하여 죽자 그 아들 상司馬尙이 말하였다.

"우리 부자는 나라의 두터운 은혜를 입고 있었는데, 간신 황호黃皓를 일찍 베지 않았다가 나라를 망치고 백성을 멸망시키고 말았다. 더 살아서 무엇하겠는가?"

그리고는 말에 채찍질하여 적진에 뛰어들어 죽었다.

○ 漢姜維屢, 伐魏, 司馬昭患之, 遣鄧艾鍾會, 將兵入寇. 會從斜谷駱谷子午谷, 趨漢中, 艾自狄道, 趨甘松沓中, 以綴姜維. 維聞會已入漢中, 引兵從沓中還. 艾追躡之大戰. 維敗走, 還守劍閣以拒會, 艾進至陰平, 行無人之地七百里, 鑿山通道, 造作橋閣, 山高谷深, 艾以氈自裏, 推轉而下, 將士皆攀木緣崖, 魚貫而進. 至江油, 以書誘漢將諸葛瞻, 瞻斬其使, 列陣綿竹以待, 敗績.

漢將軍諸葛瞻死之, 瞻子尚曰:「父子荷國重恩, 不早斬黃皓, 使敗國殄民, 用生何爲?」

策馬冒陳而死.

【會】鍾會의 자는 士季임.
【駱谷】洋州의 眞符縣에 있으며 그 남쪽은 黨谷, 그 북쪽은 駱谷이라 함.
【子午谷】洋州의 동쪽 60리에 있음.
【狄道】臨兆에 속하는 현 이름.
【甘松, 沓中】蜀나라 땅으로 狄道의 서남쪽이며 그곳에서 甘松이 산출되어 이름이 유래되었다 함.
【劍閣】廣元府의 綿谷縣에 있는 누각.
【陰平】鞏昌에 속하는 곳으로 지금의 文州.
【江油】順元에 속하는 군으로 지금의 龍州.
【瞻】諸葛亮의 아들.
【綿竹】縣 이름. 漢州에 속함.

401 촉한蜀漢의 멸망

한나라에서는 위나라 군사가 이처럼 졸지에 이를 줄 생각지 못한 채 성을 지켜내지 못하고 이에 사신에게 새수璽綬를 받들고 나가 등애에게 항복하겠다고 보냈다. 이에 황자皇子 북지왕北地王 심諶은 크게 노하여 이렇게 말하였다.

"만약 이치도 다하고 힘도 굴하여 장차 패망이 곧 다가온다면 의당 부자父子와 군신이 다 함께 성을 등지고 한 번 싸워 사직과 죽음을 함께 하여 선제先帝께 뵈면 가하려니와 어찌 항복을 한다는 것입니까?"

황제는 듣지 않았다. 심은 소열제昭烈帝의 사당에서 곡을 하고는 먼저 처자를 죽이고 나서 자신도 자살하였다. 등애가 성도成都에 이르자 황제가 항복하였다.(A.D.263) 위나라는 그를 안락공安樂公에 봉하였다.

재위 41년이었으며 번호를 네 번 바꾸어, 건흥建興, 연희延熙, 경요景耀, 염흥炎興이라 하였다.

고제高帝 원년 을미로부터 촉한蜀漢의 후제後帝 염흥 계미에 이르기까지 모두 26제帝였으며 모두 469년 만에 한나라는 이렇게 멸망하고 말았다.

○ 漢人不意魏兵卒至, 不爲城守, 乃遣使奉璽綬, 詣艾降.

皇子北地王諶怒曰:「若理窮力屈, 禍敗將及, 便當父子君臣, 背城一戰, 同死社稷, 以見先帝可也, 奈何降乎?」

帝不聽, 諶哭於昭烈之廟, 先殺妻子, 而後自殺. 艾至成都, 帝出降, 魏封爲安樂公.

帝在位四十一年, 改元者四, 曰建興, 延熙, 景耀, 炎興. 右自高帝元年乙未, 至後帝禪炎興癸未, 凡二十六帝, 通四百六十九年而漢亡.

【漢亡】王莽의 新나라 15년과 劉玄(更始帝)의 2년이 이에 포함됨.

402 손휴孫休가 죽다

오주吳主 휴孫休가 죽어(A.D.263) 시호를 경황제景皇帝라 하였으며 형의 아들 오정후烏程侯 호孫皓가 섰다.(A.D.264)

○ 吳主休殂, 諡曰景皇帝, 兄子烏程侯皓立.

【兄】孫和.
【烏程】湖州에 속하는 현 이름.

403 진왕晉王 사마소司馬昭

위나라 사마소司馬昭는 이보다 앞서 이미 구석九錫을 받고, 이윽고 작위가 올라 진왕晉王이 되었었다. 사마소가 죽고, 아들 염司馬炎이 뒤를 이었다. 위주 환曹奐은 참위한 지 6년, 연호를 두 번 바꾸어 경원景元, 성희成熙라 하였다.

사마염은 위주를 협박하여 제위帝位를 선양받고(A.D.265) 그를 진류왕陳留王에 봉하였다. 뒤에 죽은 후 진인晉人은 시호를 원황제元皇帝라 불렀다.

○ 魏司馬昭, 先是己受九錫, 己而進爵爲晉王. 昭卒, 子炎嗣. 魏主奐僭位六年, 改元二: 曰景元, 咸熙.

炎迫魏主禪位, 封爲陳留王. 後卒, 晉人諡之曰元.

404 위나라의 멸망

위나라는 조비曹丕로부터 이에 이르기까지 무릇 5대, 46년 만에 망하였다. (A.D.265)

○ 魏自曹丕, 至是凡五世, 四十六年而亡.

405 기년紀年이 없는 한 해

한나라가 망한 후로부터 다시 갑신년甲申年(A.D.264)은 정통正統이 없이 1년이 지났다.

○ 自漢亡後, 又歷甲申, 闕正統一年.

十八史略

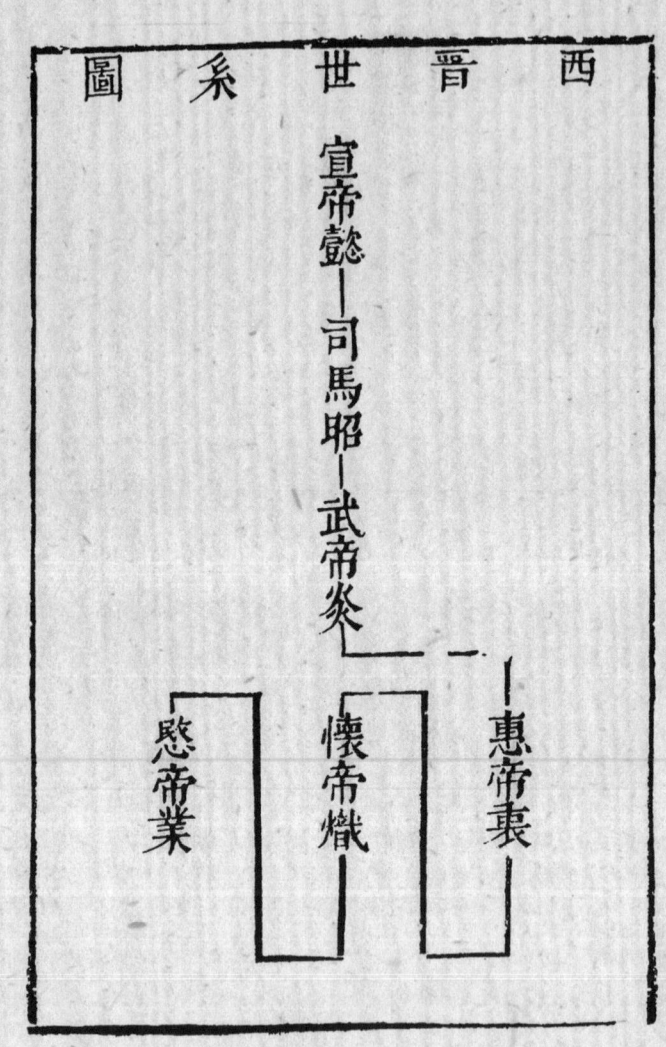

〈西晉世系圖〉《三才圖會》

(十二) 西晉

1. 世祖武皇帝

> ● 武帝. 西晉의 첫 황제.
> 司馬炎. 265년~290년 재위.

406 세조무황제世祖武皇帝

(1) 사마염司馬炎, 진나라를 세우다

서진西晉의 세조무황제世祖武皇帝는 성은 사마司馬, 이름은 염炎으로 하내河內 사람이며 사마소司馬昭의 아들이요, 사마의司馬懿의 손자이다.

사마소가 진왕晉王이 되어 세자 세우는 문제를 의논할 때 신하들은 염炎의 머리카락은 길어 땅에 닿고 손은 늘어뜨리면 무릎에 닿아 남의 신하로 있을 상이 아니라 하여 드디어 그를 후사로 결정하였다.

이윽고 사마염은 사마소의 뒤를 이어 왕이 되었고 다시 제위에 오르자(265년)

〈진 무제(司馬炎)〉《三才圖會》

그는 사마의를 추존追尊하여 선황제宣皇帝로, 사司馬師를 경황제景皇帝로, 소司馬昭를 문황제文皇帝로 하고 종실宗室을 크게 봉하였다.

西晉世祖武皇帝:
　姓司馬, 名炎, 河內人, 昭之子, 懿之孫也. 昭爲晉王, 議立世子, 議者以炎髮立委地, 手垂過膝, 非人臣之相, 遂立. 已而嗣爲王, 卽帝位, 追尊懿, 爲宣皇帝, 師爲景皇帝, 昭爲文皇帝. 大封宗室.

【世子】제후국 王侯의 太子를 世子라 함.

〈진 무제〉

(2) 양호羊祜의 덕정

　진나라는 오나라를 멸할 뜻을 가지고 장군 양호羊祜로 하여금 형주荊州의 도독이 되어 일을 처리토록 하였다. 한편 오나라도 육항陸抗으로 하여금 제군을 지휘 감독하도록 하였다. 양호는 국경에서 맞서면서 항상 서로 사신을 보내어 통로를 열어놓고 있었다.
　그러던 어느 날 육항이 양호에게 술을 보내왔다. 양호는 아무 의심이 없이 이를 마셨으며, 육항이 병이 나자 양호가 그에게 약을 지어 보냈는데 육항은 이를 그 자리에서 복용하면서 이렇게 말하였다.
　"어찌 남을 독살할 양숙자羊叔子 양호이겠는가!"
　양호는 덕정을 펴기에 힘써 오나라 사람을 품어주었다. 매번 교전이 벌어질 때마다 미리 날짜를 통고하되 불의에 습격하는 일은 없었다. 육항 역시 변방을 지키는 이들에게 이렇게 일렀다.
　"각기 맡은 구역을 지키면 그뿐이다. 세세한 이익을 구하지 말라."

　晉有滅吳之志, 以羊祜都督荊州事. 吳以陸抗都督諸軍, 祜與抗對境, 使命常通.
　抗遺祜酒, 祜飮之不疑, 抗疾, 祜與之成藥, 抗卽服之曰:「豈有酖人羊叔子哉!」
　祜務修德政, 以懷吳人. 每交兵, 刻日方戰, 不掩襲.
　抗亦告其邊戍:「各保分界而已, 毋求細利.」

【酖】'鴆'과 같음.
【叔子】羊祜(221~278)의 字.

(3) 오주吳主 손호孫皓

당시 오주吳主 손호孫皓는 덕정을 펴지 않고, 영토만 겸병하고자 하여 방술사方術士로 하여금 천하를 취할 시기를 점쳐보도록 하였다. 그가 대답하였다.
"경자년(庚子年, 280년) 푸른 덮개의 수레로 낙양洛陽에 들어가게 될 것입니다."
이는 대체로 함벽銜璧을 말한 것인데도 손호는 깨닫지를 못한 채 여러 장수들의 계략을 들어 자주 진나라의 변경을 침략하였다. 육항이 간언을 하였지만 듣지 않았다. 결국 육항은 죽고 나자 양호는 오나라를 정벌하기를 청하였지만 논자들이 거의 이에 동의하지 않았다. 양호는 한탄하여 말하였다.
"천하가 뜻대로 되지 않는 일이 항상 열에 7, 8 정도로구나."
다만 두예杜預와 장화張華만은 그 계획에 찬동하였다. 그 후에 양호는 병이 들어 직접 입조하여 폐하께 진술하겠다고 요구하였다. 황제는 양호로 하여금 수레에 누어 장수들을 감독토록 하고자 하였다. 양호가 말하였다.
"오나라를 취하는데 꼭 제가 나설 필요는 없겠지요. 그러나 오나라를 평정한 후에는 마땅히 임금의 염려에 노고로움이 있게 될 것입니다."
양호가 죽고 나자 무제武帝는 두예杜預를 진남대장군鎭南大將軍을 삼아 형주荊州의 군사를 감독하도록 하였다.

時吳主皓, 不修德政, 而欲兼幷, 使術士筮取天下.
對曰:「庚子歲, 靑蓋當入洛陽.」
蓋謂銜璧之事, 而皓不悟, 用諸將謀, 數侵盜晉邊. 抗諫不聽.
抗卒, 祜請伐吳, 議者多不同, 祜歎曰:「天下不如意事, 十常七八.」

惟杜預張華贊其計.

祜病, 求入朝面陳. 晉帝欲使祜臥護諸將, 祜曰:「取吳不必臣行, 但平吳之後, 當勞聖慮耳.」

祜卒, 以杜預爲鎭南大將軍, 督荊州軍事.

【銜璧】항복하는 자는 반드시 구슬을 물어 항복을 보여줌.(降者必銜璧以示降. -원주)
【庚子】A.D.280년이며 진나라 太康 원년으로 이 해에 오나라는 망하고 말았음.

(4) 외환이 없으면 안으로 일이 생기는 법

오주 호晧는 음학함이 날로 심해져갔다. 두예는 속히 오나라를 칠 것을 표를 올려 청하였으나 그 표가 올라왔을 때 마침 장화張華가 황제와 바둑을 두고 있었다. 장화는 바둑판을 밀쳐놓고 손을 모아 그 결단을 찬동하도록 밀었다. 그제야 황제는 이를 허락하였다. 이 때 산도山濤가 남에게 이렇게 고하였다.

"스스로 성인聖人이 아닐 바에야 외환이 없으면 반드시 내우內憂가 생길 것인데, 오나라는 밖의 걱정거리로 두어두는 것이 오히려 계산에 맞지 않겠는가?"

吳主皓淫虐日甚, 預表請速征之. 表至, 張華適與帝棊, 卽推枰斂手贊其決. 帝許之.

山濤告人曰:「自非聖人, 外寧必有內憂, 釋吳爲外懼, 豈非算乎?」

(5) 죽림칠현 竹林七賢

당시 산도는 이부상서吏部尚書였다. 산도는 일찍이 위나라와 진나라 사이에 혜강嵇康, 稽康, 완적阮籍, 완적의 형의 아들 완함阮咸, 상수向秀, 왕융王戎, 유령劉伶과 서로 친구였는데 이들을 〈죽림칠현竹林七賢〉이라 일컬었으며, 모두가 노자老子, 장자莊子의 허무虛無의 학문을 숭상하면서 예법은 경멸하였다. 마구 술을 마시며 혼취하여 세상일은 버리고 살았다.

이에 당시의 사대부들이 모두 그들을 흉내내어 이들 행동을 방달放達이라 하였다. 오직 산도만은 여전히 세사에 뜻을 두어 이때에 이르러 전형과 선발의 책임을 맡아 인물을 발탁하면서 각기 그들의 내용을 기록하여 상주하곤 하였다. 당시 사람들은 그를 칭하여 "산공山公의 계사啓事"라 하였다.

〈竹林七賢圖〉(淸) 華嵒(畫)

時濤爲吏部尙書. 濤昔在魏晉之間, 與嵇康, 阮籍, 籍兄子咸, 向秀, 王戎, 劉伶, 相友, 號竹林七賢, 皆崇尙老莊虛無之學, 輕蔑禮法, 縱酒昏酣, 遺落世事. 士大夫皆慕效之, 謂之放達. 惟濤仍留意世事, 至是典選, 甄拔人物, 各爲題目而奏之, 時人稱之爲山公啓事.

【嵇】 '稽'와 같음.
【典選】 吏部의 일로 인재를 선발하고 추천하는 일을 맡음.
【甄】 '察'과 같음.
【啓事】 무릎을 꿇고 일을 진술함을 '啓'라 함.(跪陳其事曰啓. －원주)

407 오나라와의 전투

(1) 두예杜預

진나라가 크게 대군을 일으켜 오나라를 쳐서 두예杜預는 강릉江陵으로부터 진출하고 왕준王濬은 파촉巴蜀으로부터 내려갔다. 오나라 군사는 장강의 돌무더기로 요해처를 막고 쇠사슬로 강을 막아서 배의 운행을 끊었으며, 다시 한 길 남짓의 쇠 송곳을 만들어 몰래 강물 속에 늘어놓아 진나라의 군함을 막았다. 왕준은 큰 뗏목을 만들어 헤엄 잘 치는 자로 하여금 앞서게 하여 쇠 송곳을 만나면 그곳에 뗏목을 매어 놓고 돌아오게 하였다. 그리고 큰 횃불을 만들어서 참기름을 부어 쇠사슬을 만나면 이를 태워버리도록 하였다.

그러자 잠깐 사이 쇠사슬은 녹아 끊어졌다. 이에 배는 막힘이 없이 나가게 되어 드디어 먼저 상류 여러 군을 깨뜨렸다.

두예杜預는 사람을 파견하여 기병奇兵을 거느리고 밤을 타서 강을 건너도록 하였다. 그러자 오나라 장수는 겁을 먹고 이렇게 말하였다.

"북쪽에서 온 여러 군사는 날아서 강을 건넌 것인가?"

두예는 군사를 나누어 왕준의 군사와 함께 합세하여 무창武昌을 공격, 항복을 받았다. 두예는 이렇게 말하였다.

"지금 우리 군사의 위세는 이미 떨치고 있다. 비유컨대 파죽破竹과 같다. 몇 마디만 지나면 그 다음은 칼날을 맞아 저절로 갈라져 다시 손을 쓸 곳이 없어지는 것과 같다."

드디어 여러 장수들에게 방략을 지시하여 일러주고는 지름길로 건업建鄴으로 달려갔다. 왕준의 병졸 8만 명은 방주를 백 리나 이어놓고 돛을 들어 건업으로 향하였고 북을 치고 함성을 지르며 석두성石頭城으로 들어갔다.

○ 晉大擧伐吳, 杜預出江陵, 王濬下巴蜀. 吳人於江磧要害處, 並以鐵鎖橫江截之, 又作鐵錐長丈餘, 暗置江中, 逆拒舟艦. 濬作大筏, 令善水者以筏先行, 遇錐輒著筏而去. 又作大炬, 灌以麻油, 遇鎖燒之. 須臾融液斷絶. 於是船無所礙, 遂先克上流諸郡.

預遣人, 率奇兵夜渡, 吳將懼曰:「北來諸軍, 乃飛渡江也?」

預分兵與濬合, 攻武昌降之.

預謂:「兵威已振, 譬如破竹. 數節之後, 迎刃而解, 無復著手處也.」

遂指授羣帥方略, 徑造建業. 濬戎卒八萬, 方舟百里, 擧帆直指建業, 鼓譟入石頭城.

【磧】물가에 있는 돌을 가리킴.(水渚有石曰磧. -원주)
【筏】나무를 엮어 만든 배나 뗏목.(桴也. 編竹木以爲之. -원주)
【炬】갈대 등을 묶어 만든 횃불.(火把曰炬, 束葦爲之. -원주)
【吳將】孫歆을 가리킴.
【石頭城】建業(남경)에 있는 성 이름.

(2) 오나라의 멸망

오주吳主 호손호가 얼굴을 묶고 수레에 관을 싣고 항복하자 그를 귀명후歸命侯에 봉하였다. 이리하여 드디어 경자년庚子年에 '푸른 수레 덮개로 낙양으로 들어가리라'고 한 방사의 참讖이 맞은 것이다. 오나라는 대제大帝, 孫權로부터 이에 이르기까지 4대이며, 칭제한 지 무릇 52년 만에 망한 것이다. 280년 손책孫策이 강동江東을 평정한 이래로부터 거슬러 올라가면 80여 년이 된다.

吳主皓面縛輿櫬降, 封歸命侯. 遂符庚子入洛之讖. 自大帝至是四世, 稱帝者凡五十二年而亡. 遡孫策定江東以來, 通八十餘年.

【輿櫬】櫬은 棺을 가리키며 수레에 이를 싣고 옴으로써 죽을죄를 지었음을 표시함.

(3) 치두구雉頭裘를 태워 없애다

진나라가 위나라를 이은 지 16년, 태강太康 원년 280년에 이르러 오나라를 멸망시키고, 그로부터 다시 10년 뒤에 무제武帝가 죽었다. 289년 무제는 즉위 초에 일찍이 치두구雉頭裘를 태극전太極殿 앞에서 태워버리고 검소함을 보였으나 그 뒤 사치와 방종放縱에 빠져 후궁이 수천 명이었는데 항상 양이 끄는 작은 수레를 타고 나서자 후궁들은 자신들의 문에 대나무 잎을 꽂고, 소금물을 땅에 뿌려 황제를 기다렸다. 양이 끄는 수레가 이르는 곳이면 즉시 그곳에 머물러 잔치를 열어 술로 즐길 뿐, 신하들과는 일찍이 나라를 다스릴 원대한 모책을 논한 적이 없었다.

오나라가 이미 평정되고 나서 천하는 무사해졌다고 말하면서 각 주군州郡의 무비는 모두 제거해 버렸다. 산도山濤는 홀로 이를 근심하였다.

晉代魏十有六年, 至太康元年而滅吳, 又十年帝崩, 帝初卽位, 嘗焚雉頭裘於太極殿前, 以示儉. 旣而侈縱. 後宮數千, 常乘羊車, 宮人揷竹葉于門, 洒鹽以待之. 羊車所至, 卽留酣宴, 與羣臣語,未嘗有經國遠謀. 自吳旣平, 謂天下無事, 盡去州郡武備. 山濤獨憂之.

【雉頭裘】꿩의 머리 깃털로 만든 외투.(以雉頭毛爲之. -원주)《通鑒》에 의하면 成寧 4년(274년) 太醫 司馬程據가 일찍이 이 외투를 바치자 武帝가 이를 궁궐 안팎에서 태우도록 하여 奇技異服을 바치는 자를 죄로 다스렸음.(案通鑒: 成寧四年, 太醫司馬程據嘗獻此裘. 帝遂焚之敕內外, 有獻奇技異服者罪之. -원주)
【挿竹洒鹽】양을 유인하여 들어오게 한 것임.(皆欲以誘羊入也. -원주)

(4) 이민족에 대한 방비

한漢, 위魏 이래로 강호羌胡와 선비鮮卑로서 항복해 온 자들이 변방 안의 여러 군에 처하고 있어 곽흠郭欽이 일찍이 이렇게 상소하여 말하였다.
"오나라를 평정한 여세로 안으로 들어온 잡호雜胡들을 점차 변지邊地로 옮겼으며, 사방의 만이蠻夷가 내지內地에 드나드는 것을 준엄하게 방비하여 옛날 선왕의 황복荒服에 대한 제도를 분명하게 해야 마땅합니다."
황제는 이를 듣지 않아 마침내 천하의 걱정거리가 되고 말았다.
황제는 재위 중에 연호를 세 번 고쳐, 태시泰始, 함녕咸寧, 태강太康이라 하였다. 태자가 제위에 오르니 이가 효혜황제孝惠皇帝이다.(290년)

漢魏以來, 羌胡鮮卑降者, 多處塞內諸郡, 郭欽嘗上疏, 謂: 「宜及平吳之威, 漸徙內郡雜胡於邊地, 峻四夷出入之防, 明先王荒服之制.」

帝不聽, 卒爲天下患.

帝在位改元者三: 曰泰始·咸寧·太康. 太子立, 是爲孝惠皇帝.

【雜胡】 戎狄들 중에 塞內의 여러 郡에 서로 섞여 사는 자는 모두 그 밖으로 이주시켰음을 말함.(謂戎狄之在塞內諸郡, 相雜而居者, 宜遷之於外也. -원주)
【荒服】 아주 먼 이역. 여기서는 북쪽 이민족을 뜻함.
【在位】 모두 26년간임.

2. 孝惠皇帝

> ❀ 惠帝. 西晉의 제2대 황제.
> 司馬衷. 290년~306년 재위.

408 효혜황제 孝惠皇帝

(1) 이 자리가 아깝습니다

　효혜황제는 이름이 충司馬衷이었으며 성품이 지혜롭지 못하였다. 태자로 있을 때 가씨賈氏를 비로 맞았는데 그는 가충賈充의 딸로써 권모술수와 속임수에 아주 능하였다. 위관衛瓘이 일찍이 무제武帝를 모시고 있을 때, 거짓으로 취한 체하며 무제의 앞에 꿇어앉아 손으로 임금의 침상을 어루만지며 이렇게 말하였다.
　"이 자리가 가히 아깝습니다!"
　무제는 그 뜻을 깨닫고 상서尙書에서 의문스러운 문제를 밀봉하여 태자로 하여금 결정하도록 해보았다. 그러자 가씨가 크게 두려워하며 몰래 바깥 사람으로 하여금 답안의 초고를 만들도록 하여 이를 태자가 자필로 베껴 무제에게 바치게 하였다. 무제는 이를 모른 채 만족히 여겨 폐위되지 아니하고 이때에 이르러 제위에 오르게 된 것이다.(290년)

孝惠皇帝:
名衷, 性不慧, 爲太子時, 納妃賈氏, 充之女也, 多權詐.

衛瓘嘗侍武帝, 陽醉跪于前, 以手撫床曰:「此座可惜!」
　武帝悟, 密封尚書疑事, 令太子決之. 賈氏大懼, 倩外人具草代對, 令太子自寫. 武帝悅, 得不廢, 至是卽位.

【陽】 '佯'과 같음.
【疑事】 尙書의 지위로써 해결하기 어려운 일.

(2) 가후賈后의 정권 농단

가씨는 황후가 되자 정치에 참여하였다. 황태후 양씨楊氏는 효혜제孝惠帝의 어머니 양후楊后와 사촌이었으며 그의 아버지 양준楊駿은 태부太傅였다. 가후는 양준을 죽이고 태후를 폐하고 다시 태재太宰 여남왕汝南王 양司馬亮을 죽이고, 태보太保 위관衛瓘을 죽였으며, 초왕楚王 위司馬瑋까지 죽여버렸다. 그리고 많은 사람의 명망이 있던 장화張華, 배위裴頠, 왕융王戎 등을 기밀의 요긴한 자리를 관리하도록 등용하였다. 장화는 황실에 충성을 다하였고, 가후는 비록 흉악하고 음험하기는 하였지만 그래도 장화를 존경하고 중히 쓸 줄은 알고 있었다. 장화는 배위와 협력하여 정치를 보필하여 그나마 몇 년 동안은 비록 천자가 어리석었지만 조야가 안정되고 조용하였다.

　賈氏爲皇后預政, 皇太后楊氏, 乃帝母楊后之從妹, 父駿爲太傅. 賈后殺駿而廢太后, 殺太宰汝南王亮, 殺太保衛瓘, 殺楚王瑋, 以衆望用張華·裴頠·王戎, 管機要. 華盡忠帝室, 后雖凶險, 猶知敬重. 與頠同心輔政, 數年之閒, 雖暗主在上, 而朝野安靜.

【預】'與'와 같음.
【駿】皇太后의 아버지.
【亮】宗室의 아들이다. 亮과 虓 등 八王은 그 所出을 자세히 알 수 없어 잠시 종실의 아들이라 한다. 대체로 무제의 아들일 것이다. 독자는 이를 살펴 읽기 바란다.(宗室子. 自亮及虓, 凡八王, 所出未詳, 姑注曰宗室子, 大槩皆武帝子也. 讀者詳之. -원주)

(3) 왕융王戎의 찬핵鑽核

왕융王戎은 시세의 부침에 따랐을 뿐 임금을 바로잡아 구제함이 없었으며, 그 성격조차 탐욕하고 인색하여 천하에 농원을 가지고 있어 상아 주판을 잡고 밤낮으로 회계에 몰두하였다. 마침 자신의 집에 좋은 오얏이 있었는데 그 종자를 남들이 가져다 심을까 걱정하여 항상 오얏의 씨를 송곳으로 뚫어 버렸다. 그는 상주고 발탁하는 일에도 오로지 허명虛名을 존중하였다.

戎與時浮沈, 無所匡救, 性復貪吝, 田園遍天下, 執牙籌晝夜會計. 家有好李, 恐人得其種, 常鑽其核. 凡所賞拔, 專事虛名.

【牙籌】象牙로 만든 산가지.

(4) 삼어연三語掾

완함阮咸의 아들 첨阮瞻이 왕융을 뵙자 왕융이 물었다.
"성인은 명교名教를 귀히 여기고, 노장老莊은 자연을 밝히고 있다. 그 요지의 같고 다름은 어떠한가?"
완첨이 말하였다.
"장무동將無同입니다."
왕융은 한참을 감탄하며 드디어 그를 채용하였다. 당시 사람들은 이 세 마디로 벼슬을 준 것을 삼어연三語掾이라 하였다.

阮咸之子瞻見戎, 戎問曰:「聖人貴名教, 老莊明自然, 其旨異同.」
瞻曰:「將無同.」
戎咨嗟良久, 遂辟之. 時號三語掾.

【名教】儒家의 禮義躬行을 뜻함.
【自然】道家의 淸虛無爲를 뜻함.
【將無同】'거의 같지 않습니다'(殆將不同)라는 표현.
【三語掾】오직 세 마디 말로써 掾이라는 벼슬을 얻은 자라는 뜻.(言因將無同三語, 而得爲掾也. -원주)

(5) 왕연王衍와 악광樂廣

당시 왕연王衍과 악광樂廣 등은 청담淸談에 뛰어났었는데 왕연은 정신이 맑은 수재秀才였다. 그가 젊었을 때 산도山濤가 그를 보고 이렇게 말하였다.

"어떤 할멈이 이런 재주 있는 사람을 낳았을까? 그러나 훗날 천하의 창생蒼生을 그릇된 길로 몰아갈 자가 이 사람이 아니라고 할 수 없으리라."

是時王衍・樂廣, 皆善淸談, 衍神情明秀.
少時山濤見之曰:「何物老嫗, 生寧馨兒, 然誤天下蒼生者, 未必非此人也.」

【寧馨兒】 '寧馨'은 당시 속언으로 '如此'와 같음. 《通鑑》 注에 "寧音甯이며 寧馨은 '阿堵'(하물, 무엇)라는 뜻으로 대체로 물건을 지칭히는 말이다"라 하였다.(寧馨猶言如此. 通鑑注: 甯音甯, 寧馨, 由言阿堵之義, 蓋指物之稱也. -원주)
【蒼生】 黎民과 같음. 백성을 뜻함.

(6) 술을 훔쳐먹다가 잠이 들어

왕연의 아우 징王澄과 완함阮咸의 조카 수王脩, 호무보지胡毋輔之, 그리고 사곤謝鯤과 필탁畢卓 등은 모두가 방임하는 행위로써 통달함으로 여겨, 술에 취하여 나체로 다니면서도 그릇되다 여기지 않았다. 필탁의 경우 이웃집 창고의 술이 익은 냄새를 맡고 밤중에 몰래 들어가서 항아리 틈에서 훔쳐 마시다가 지키던 자에게 붙들려 결박을 당하였다. 아침에 살펴보았더니 이부랑吏部郞 필탁이었던 것이다. 악광이 듣고 웃으면서 이렇게 말하였다.
"성인의 명교名敎 중에도 저절로 즐겁게 여길 만한 것이 있을 터인데 하필이면 그렇게까지 할까?"

衍弟澄及阮咸, 咸從子脩, 胡毋輔之, 謝鯤, 畢卓等, 皆以任放
爲達, 醉裸不以爲非. 比舍郞釀熟, 卓夜至甕閒盜飮, 爲守者所縛,
旦視之畢吏部也.
　樂廣聞而笑之曰:「名敎中自有樂地, 何必乃爾.」

【胡毋】毋之音無. 複姓.
【畢吏部也】畢卓은 당시 吏部郞이었음.

(7) 숭유론崇有論

　처음 위나라 때 하안何晏 등이 이론을 세워 천지 만물은 모두 무無로써
근본을 삼는다고 하였다. 왕연 등이 이를 애중히 여기자 배위裴頠가
〈숭유론崇有論〉을 썼지만 이러한 풍조를 구제할 수 없었다.

　初魏時, 何晏等立論, 以天地萬物, 皆以無爲本. 衍等愛重之,
裴頠者崇有論, 不能救.

【崇有論】실제 있는 것을 숭상한다는 데 대한 논리를 편 글.
　● 원주에는 〈숭유론〉에 대하여 다음과 같이 기록하였다.
「胡云: 孔子曰: 中庸之爲德, 其至矣乎! 民鮮能久矣. 夫物有形者也事有迹者也.
理則無形迹可窺, 而有小大長短輕重是非得失可揆者也. 無形迹可窺, 謂之有,
不可也. 有小大長短輕重是非得失可揆, 謂之無, 不可也. 何晏之論, 見於無.
遂以虛爲宗, 而遺失形而下者. 裴頠之論見於有, 遂以刑器爲執, 而遺失形而
上者, 皆不知理之言, 非聖人之正道也.」

409 진나라의 혼란과 팔왕八王의 난

(1) 가후賈后를 폐하다

태자 휼司馬遹은 가후賈后의 소생이 아니었다. 가후가 이를 폐위하고 죽여버리자 정서대장군征西大將軍 조왕趙王 윤司馬倫은 거짓으로 조칙詔勅이라 일컫고, 군사를 이끌고 궁중에 들어가 가후를 폐위하여 죽이고 장화張華와 배위裴頠까지 살해하고 나서 사마륜 자신은 상국相國이 되었다.

○ 太子遹非賈后所生, 后廢殺之. 征西大將軍趙王倫, 矯詔勒兵入宮, 廢后殺之, 殺張華裴頠. 倫爲相國.

【司馬遹】謝玖의 所出임.
【倫】宣帝의 아홉째 아들.

(2) 석숭石崇의 애첩 녹주綠珠

이에 회남왕淮南王 윤司馬允이 군사를 일으켜 윤司馬倫을 쳤으나 이기지 못하고 죽었다. 윤倫은 위위衛尉 석숭石崇을 죽였는데 석숭에게 녹주綠珠라는 애첩이 있었다. 윤의 폐인嬖人 손수孫秀가 이를 요구했으나 석숭이 주지 않자 손수는 석숭이 윤司馬允, 淮南王을 받들고 난을 일으키려 한다고 무고하였다. 그리하여 그를 잡으러 오자 석숭은 이렇게 말하였다.
"노예 같은 놈들이 내 재물을 탐내는 것일 뿐이다."
잡으러 온 자가 말하였다.

"재물이 화가 됨을 알고 있었다면 어찌 좀 더 일찍 주어버리지 않았소?"
결국 석숭은 피살되었다.

淮南王允, 率兵討倫, 不克死. 倫殺衛尉石崇, 崇有愛妾綠珠, 倫嬖人孫秀求之, 不與, 秀誣崇奉允爲亂.
　收之, 崇曰:「奴輩利吾財耳.」
　收者曰:「知財爲禍, 何不早散之?」
　遂被殺.

【衛尉】九卿의 하나로 宮掖을 수위하는 직책임.

(3) 담비 꼬리 대신 개꼬리

윤司馬倫은 스스로 구석九錫을 더하고, 혜제惠帝를 위협하여 제위를 선양하도록 하였다. 윤의 무리는 모두가 경상卿相이 되었고, 그들의 노복과 병졸들 역시 작위을 얻어주었다. 그리고 그들은 매번 조회할 때면 담비 꼬리와 매미 날개로 장식한 관을 썼는데 이들이 조정에 넘쳐날 지경이었다. 당시 사람들은 이렇게 말하였다.
"담비 꼬리가 부족하여 개꼬리를 이었다."

倫自加九錫, 逼帝禪位. 黨與皆爲卿相, 奴卒亦加爵位. 每朝會, 貂蟬盈坐.
　時人語曰:「貂不足, 狗尾續.」

【貂蟬】모자 이름.
● 원주에는 「貂蟬」에 대하여 다음과 같이 기록하였다.
《通鑒》注에 "담비는 안으로는 勁悍하면서 밖으로는 溫潤하며 매미는 높이 살아 淸潔하고 입이 겨드랑이 밑에 있어 이런 물건으로 의를 추출하여 모자의 장식으로 삼았다"라 하였다.(通鑒注: 貂內勁悍而外溫潤, 蟬居高淸潔, 口在腋下, 因物生義, 以爲冠飾.)

(4) 팔왕지란八王之亂

제왕齊王 경司馬冏은 허창許昌을 진수하고 성도왕成都王 영司馬穎은 업鄴을, 그리고 하간왕河間王 옹司馬顒은 관중關中을 진수하고 있었는데, 각기 군사를 일으켜 윤司馬倫을 토벌하여 윤은 엎드려 주살당하고 말았다.

경冏이 국정을 보좌하였으나 교만과 사치를 부렸으며 정권을 독단하였다. 그러자 옹顒이 장사왕長沙王 예乂로 하여금 경을 죽이게 하였지만, 영穎 역시 공로를 믿고 교만과 사치를 부리더니 이윽고 옹과 함께 군사를 일으켜 혜제惠帝에게 반기를 들고 말았다. 장사왕 예司馬乂는 황제를 받들고 영穎과 싸웠다.

齊王冏鎭許昌, 成都王穎鎭鄴, 河間王顒鎭關中, 各擧兵討倫, 倫伏誅. 冏輔政, 驕奢擅權. 顒使長沙王乂殺之, 穎亦恃功驕奢, 已而與顒擧兵反, 乂奉帝及穎戰.

【冏】文帝의 둘째아들인 齊王 司馬攸의 아들.

⑸ 화정華亭의 학 울음소리

사마영의 장수 육기陸機가 싸움에 패하여 영에게 붙들리고 말았다. 육기는 이렇게 탄식하였다.
"화정華亭의 학 울음소리를 다시 들을 수 있을까?"
그리고 아우 육운陸雲과 함께 영에게 피살되고 말았다. 육기와 육운은 모두 오吳나라 때의 장수 육항陸抗의 아들이었다.

穎將陸機戰敗, 被收.
歎曰:「華亭鶴唳可復聞乎?」
與弟雲, 皆爲穎所殺. 機雲皆陸抗子也.

【華亭】松江에 속하며 陸機의 봉지.

⑹ 성도왕 사마영司馬穎의 패배

사마영은 군사를 이끌고 경사京師로 진입하여 승상이 되었으며, 얼마 후에 업鄴으로 돌아왔다. 사마옹이 표를 올려 사마영을 황태제皇太弟 삼자 동해왕東海王 월司馬越이 혜제惠帝의 명을 받들어 사마영을 정벌하였다. 사마영은 군사를 탕음蕩陰으로 파견하여 이에 맞섰으나 수레가 모두 깨어져 싸움에 지고 말았다.

潁進兵入京師, 爲丞相, 已而還鄴. 顒表潁爲皇太弟, 東海王越, 奉帝命征潁. 潁遣兵拒戰于蕩陰, 乘輿敗績.

【蕩陰】彰德에 속하는 현.

(7) 피 묻은 옷

이 싸움에서 시중侍中 혜소嵇紹는 몸으로 황제를 막아 싸우다가 전사하면서 그 피가 황제의 옷에 뿌려졌다. 영司馬穎이 황제를 맞아 업鄴으로 돌아오자 좌우 신하들이 피 묻은 황제의 옷을 세탁하고자 하였다. 황제가 말하였다.
"혜시중嵇侍中의 피다. 빨지 말라!"

侍中嵇紹, 以身衛帝, 被殺, 血濺帝衣.
潁迎帝入鄴, 左右欲浣帝衣, 帝曰:「嵇侍中血, 勿浣也!」

(8) 사마치司馬熾를 태제太弟로

사마영은 다시 황제를 모시고 낙양洛陽으로 돌아왔다. 옹司馬顒의 부장部將 장방張方이 낙양에 있다가 황제를 다시 장안長安으로 옮기도록 하였다. 사마옹은 태제太弟, 영穎를 폐하고 다시 혜제惠帝의 아우 예장왕豫章王 치司馬熾를 세워 태제太弟를 삼았다.

穎奉帝還洛. 顒將張方在洛, 遷帝於長安. 顒廢太弟穎, 更立豫章王熾爲太弟.

(9) 사마영司馬穎의 최후

동해왕 월司馬越이 군사를 내어 서쪽 장안으로 들어가 황제를 다시 낙양으로 옮겼다. 황제는 사마월에게 정치를 보좌하게 하였다. 성노왕 사마영은 이에 앞서 낙양을 점거하고 있었는데, 잠시 후 장안으로 달아났다가 다시 무관武關으로부터 신야新野로 달아나 마침내 북쪽으로 황하黃河를 건너 옛 군사들을 수습하였으나 돈구頓丘 태수에게 붙잡히고 말았다. 당시 범양왕范陽王 효司馬虓가 업鄴을 점거하고 있었는데 사마영은 그에게 보내졌다가 얼마 지나지 않아 피살되고 말았다.

東海王越發兵, 西入長安, 奉帝還洛. 以越輔政. 成都王穎, 先據洛陽, 已而奔長安, 又自武關奔新野, 遂北濟河, 收故將士, 爲頓丘太守所執. 時范陽王虓據鄴, 送穎於虓, 未幾被殺.

【新野】鄧州에 속하는 현
【頓丘】河東에 속하는 군으로 지금의 開州.
【太守】馮嵩.
　● 원주에는 다음과 같이 사평을 싣고 있다.
黃曰:「趙王倫旣殺賈后, 因以簒帝. 晉之大臣, 無以制之. 趙王倫旣伏誅, 乃復以齊王冏爲大司馬, 不知冏旣得志, 是又一倫也; 齊王冏旣橫志, 乃復以長沙王乂討冏, 不知使乂而得志, 是又一冏也; 長沙王乂旣死, 乃復以成都王穎爲皇太弟, 不知穎旣得志, 抑又有甚於乂也. 晉朝措置, 乖繆如此. 其與漢之大臣, 旣誅諸呂, 而復卻齊王, 禍根一斬而絕者, 豈不萬萬相遠哉! 論至于此, 則知平勃眞社稷臣, 故社稷之危不旋踵而安. 晉朝無社稷之臣, 故國家之亂, 終無自而治也.」

410 우둔한 혜제惠帝

(1) 개구리는 누구를 위해 우는가

혜제惠帝가 국수를 먹고 독살되어 죽자 어떤 이가 말하였다.
"동해왕東海王 월司馬越이 짐독을 넣은 것이다."
황제는 극히 우둔하여 일찍이 천하에 큰 기근이 일어나자 황제는 이렇게 말하였다.
"어찌 고기로 죽을 쑤어 먹지 않는가?"
하루는 화림원華林園에 놀이 갔다가 개구리 우는 소리를 듣고 이렇게 묻는 것이었다.
"저 개구리가 우는 것은 관官을 위해 우는 것인가? 사私를 위해 우는 것인가?"
좌우가 희롱하여 말하였다.
"관官의 땅에 있는 놈은 관을 위해 울고, 개인 땅에 있는 놈은 그 개인을 위해 우는 것입니다."

○ 帝食麫中毒而崩, 或曰:「東海王越鴆之也.」
帝昏愚, 天下大饑, 帝曰:「何不食肉糜?」
華林園聞蛙鳴, 帝曰:「彼鳴者, 爲官乎? 爲私乎?」
左右戲之曰:「在官地者爲官, 在私地者爲私.」

【糜】미음, 죽과 같음.(粥也. −원주)
【華林園】洛陽에 있는 화원.

(2) 너를 저 가시덤불 속에서나 보겠구나

　바야흐로 가씨賈氏가 정치를 전횡하게 되자 당시 사람들은 장차 난이 일어날 것임을 알게 되었다. 그 중에도 색정索靖이라는 사람은 낙양의 궁문 앞 동타銅駝를 가리키며 이렇게 탄식하였다.
　"너를 가시덤불 속에서 보게 되겠구나."
　조왕趙王 윤司馬倫이 난을 일으킨 후 여러 왕들이 번갈아 가며 서로서로 죽이고 멸하여 천하대란이 일어나고 말았다.

　方賈氏專政, 時人知將亂.
　索靖指洛陽宮門銅駝歎曰:「會見汝在荊棘中耳.」
　趙王倫亂後, 諸王迭相殘滅, 天下大亂.

411 유연劉淵과 유요劉曜

⑴ 남흉노의 후예 유연

유연劉淵이 좌국성左國城에서 군사를 일으켰다.(304년) 유연은 옛날 남흉노의 후예로서 흉노가 한漢, 위魏 이래로부터 중국에 신하가 되어 섬기고 있었는데 그의 조상은 한나라 외손外孫인데도 마음대로 한나라의 유씨劉氏 성姓을 일컬었다. 그리고 그의 아버지 표豹는 좌부左部의 수帥가 되어 유연을 낳았다. 유연은 어릴 때부터 준수하고 뛰어나 널리 경서, 역사를 익혔다. 그는 일찍이 이렇게 말하였다.

"나는 수하隨何와 육가陸賈가 무용이 없었음을 부끄러워한다. 그들은 고제高帝를 만났음에도 능히 봉후封侯의 업적을 세우지 못하였다. 그런가 하면 강후絳侯, 周勃와 관영灌嬰의 경우는 도리어 문文이 없어 문제文帝를 만나고도 상서庠序의 진흥을 이루지 못하였다. 어찌 안타까운 일이 아니랴!"

이에 유연은 무사文事를 겸하여 갖추었으며 용모가 괴위魁偉하였다. 처음 그는 진 무제武帝 염司馬炎의 인질로 낙양洛陽에 있다가 아버지 표豹가 죽자 무제는 그를 아버지 대신하여 5부部의 수帥로 삼았다. 이윽고 그는 북부北部 도위都尉가 되었으며 5부의 호걸들이 거의 그에게 복종하게 되었다.

劉淵興于左國城. 淵故南匈奴之後, 匈奴由漢魏以來臣中國, 其先世自以漢甥, 冒漢姓. 父豹爲左部帥, 生淵.

幼而儁異, 博習經史, 嘗曰:「吾恥隨陸無武, 遇高帝而不能建封侯之業, 絳灌無文, 遇文帝而不能興庠序之敎, 豈不惜哉!」

於是兼學武事, 姿貌魁偉. 初爲侍子在洛, 豹死, 武帝以淵代爲五部帥. 旣而爲北部都尉, 五部豪傑多歸之.

【南匈奴之後】몰돌선우(冒頓單于)의 十九世孫이라 함.
【隨陸】한나라 때의 隨何와 陸賈를 가리킴.
【絳灌】한나라 때의 絳侯周勃과 灌嬰을 가리킴.
【庠序】모두가 國學의 이름으로 殷나라 때는 庠, 周나라 때는 序라 불렀음.

(2) 한왕漢王을 칭하다

혜제 시대에 이르자 그를 5부 대도독大都督으로 삼았으며 마침 성도왕 영司馬穎이 표를 올려 좌현왕左賢王으로 삼아주었다. 그는 일찍이 혜제가 유연으로 하여금 그 군사를 거느리고 업鄴에 주재토록 한 일도 있었다.

유연의 아들 유총劉聰도 역시 효용驍勇이 남을 뛰어넘었고 경사經史에 박식하였으며 문장에 능하였고 힘은 활 3백 근을 당길 수 있었다. 유연의 종조從祖 유선劉宣은 이렇게 말하였다.

"한나라가 망한 이래로 우리 선우鮮于는 한갓 흉노의 군주君主라는 명목뿐이었고 촌토寸土도 없어졌다. 그 나머지 왕후王侯들은 모두가 항복하여 평민에 편성되었으며 지금 우리 무리가 비록 쇠약해지기는 했지만 그래도 2만은 된다. 그런데 어찌 손을 모아 중국의 부림을 받으며 백년의 한 평생을 이렇게 마칠 것이냐? 사마씨司馬氏는 골육상잔으로 사해가 가마솥 끓듯 하고 있다. 우리 좌현왕左賢王, 劉淵은 영명용무英明勇武하기가 세상을 뛰어넘으니 호한야선우呼韓邪單于의 대업을 부흥시킬 시기가 바로 지금이다."

이리하여 서로 모책을 짠 끝에 유연을 추대하여 수령을 삼았다. 유연은 영司馬穎을 설득하여 자신이 5부의 군사를 거느리고 다시 와서 돕겠노라 하고는 이윽고 좌국성左國城에 돌아오자 선劉宣 등은 그를 대선우大單于로 추대하였다. 20일 간에 5만의 무리가 모여들어 유연은 이석離石에 도읍을 정하였다. 게다가 흉노와 진晉나라 사람까지 귀순하여 무리가 더욱 많아지자 이에 나라를 세워 국호를 한漢이라 하며 한왕漢王을 일컬었다. (304년)

及帝世, 以爲五部大都督, 成都王穎, 表爲左賢王. 嘗使將兵在鄴. 淵子聰, 亦驍勇絶人, 博涉經史, 善屬文.

彎弓三百斤, 淵從祖宣曰:「漢亡以來, 我單于徒有虛號, 無復尺土. 自餘王侯, 降同編戶. 今吾衆雖衰, 猶二萬, 奈何斂手受役, 奄過百年? 司馬氏骨肉相殘, 四海鼎沸. 左賢王英武超世, 復呼韓邪之業, 此其時也.」

乃相與謀推之. 淵說穎, 請歸帥五部來助, 旣至左國城. 宣等推爲大單于. 二旬間衆五萬, 都離石. 胡晉歸之者愈衆, 乃建國號曰漢, 稱漢王.

【鼎沸】혼란함이 마치 솥 안에서 탕이 끓듯 함을 말함.(言亂如鼎湯之沸也. -원주)
【離石】石州에 있은 현 이름.

(3) 유요劉曜의 등장

유연의 족자族子 요劉曜는 나면서부터 눈썹이 희고, 눈에서는 붉은 빛이 났으며 어려서 총명하고 담이 크고 도량이 있었다. 역시 글읽기와 문장도 좋아하였으며 활을 쏘면 칠 촌寸의 쇠를 뚫었다. 이때에 이르러 그는 유연의 장수가 되었다.

淵有族子曜, 生而眉白, 目有赤光. 幼聰慧, 有膽量, 亦好讀書屬文. 射能洞鐵七寸, 至是爲淵將.

412 성도왕成都王을 자칭하다

파서巴西 저氐의 이특李特은 처음에 여러 나라 유민流民의 무리를 이끌고 촉蜀으로 들어갔는데 열 달 만에 2만의 무리가 모이자 광한廣漢에 웅거하여 성도成都를 공격하였으나 자사刺史 나상羅尙에게 패하여 참수되고 말았다.
그래서 그의 아우 이류李流가 대신 그 무리를 이끌고 다시 세력을 부흥시켰다. 이류가 죽고 그 아우 웅李雄이 대를 이어 나상을 공격하여 패주시키고 성도에 들어가 이때에 이르러 자칭 성도왕成都王이라 하였다.
(303년)

○ 巴西氏李特, 初以流民入蜀. 旬月衆二萬, 據廣漢, 進攻成都, 爲刺史羅尙所敗, 斬其首. 弟流代領其衆, 勢復盛. 流死, 弟雄代, 攻走羅尙, 入成都, 至是自稱成都王.

【巴西】順州에 속하는 군으로 지금의 順慶府.
【氐】西南夷의 종족 이름.
【廣漢】四川에 속하는 군으로 지금의 漢川.
【雄】李特의 셋째아들.

413 선비족鮮卑族 모용외慕容廆

선비鮮卑 모용외慕容廆는 무제武帝 때부터 이미 중국을 침략하고 있었는데 이윽고 항복해오자 무제는 그를 선비의 도독都督으로 삼았다. 모용외는 황慕容皝을 낳았으며, 그는 요동遼東으로부터 도하徒河로 옮겼다가 다시 대극성大棘城으로 옮겼다. 혜제惠帝 때에 이르러 모용부慕容部가 더욱 번성하였다.

○ 鮮卑慕容廆, 自武帝時已爲寇, 旣以降, 以爲鮮卑都督. 廆生皝, 自遼東徙居徒河, 又徙大棘城. 及帝世, 慕容部愈盛.

【慕容廆】慕容은 성씨이며 廆는 이름.
【大棘城】遼東에 있는 성 이름.

414 탁발씨拓跋氏의 흥기

선비 색두부索頭部의 탁발씨拓跋氏는 이에 앞서 진晉나라에 인질로 맡겨 둔 아들을 무제가 본국으로 돌려보내 주었다. 그리고 얼마 후 탁발역미拓跋力微가 그 아들을 진나라에 파견하여 조공하였다. 역미가 죽고 아들 실록관悉祿官이 뒤를 이었다.

혜제 때에 이르러 색두索頭는 세 부로 나뉘어 하나는 상곡上谷의 북쪽에 거하여 실록관이 스스로 통치하고 있었고, 하나는 대군代郡 삼합피參合陂의 북쪽을 차지하여 실록관이 형의 아들 의타猗㐌로 하여금 다스리게 하고 있었으며, 나머지 하나는 정양定襄의 성락고성盛樂古城을 차지하여 의타의 아우 의려猗廬로 하여금 다스리게 하고 있었다. 그런데 진나라 사람으로 그들에게 붙은 자가 점점 많아지자 의타猗㐌는 사막을 건너 북쪽으로 돌아가 서쪽의 여러 나라를 공략하였다. 이에 항복하고 귀속하는 자가 30여 나라에 이르렀으며 탁발씨拓跋氏의 세력은 이로부터 강성해지기 시작하였다.

이적夷狄이 중국을 소란하게 한 화근은 모두가 한漢, 위魏, 진晉에 걸쳐 싹트게 되었으며 혜제惠帝 때에 이르자 중국의 대란을 틈타 비로소 사방에서 일어난 것이다.

○ 鮮卑索頭拓跋氏, 先是有質子在晉, 武帝遣歸. 旣而拓跋力微, 又遣其子入貢. 力微死, 子悉祿官立. 及帝世, 索頭分國爲三部, 一居上谷之北, 祿官自統之; 一居代郡參合陂之北, 使兄子猗㐌統之; 一居定襄之盛樂故城, 使猗㐌弟猗廬統之. 晉人附者稍衆, 猗㐌渡漠北巡, 西略諸國. 降附者三十餘國, 拓跋氏之盛始於此.

夷狄亂華之禍, 皆萌蘖於漢魏晉間. 至帝之世, 乘中國大亂, 始四起.

【索頭拓跋】拓跋은 성씨이며 그 후손이 위(북위)를 세웠다. 《北史》에 의하면 魏의 선조는 黃帝에서 나왔으며 黃帝의 아들 昌意의 막내아들이 北國에 봉해졌는데 그곳에 大鮮卑가 있어 이를 국호로 삼았다. 黃帝는 土德으로 왕이 되었으니 北俗에 土를 拓이라 하고 后를 跋이라 하여 그 때문에 拓跋로 성씨를 삼은 것이다.(姓也. 其後爲魏. 北史. 魏之先出自黃帝. 黃帝之子昌意少子. 受封北國. 有大鮮卑. 國以爲號. 黃帝以土德王. 北俗謂土爲拓. 謂后爲跋. 故因以拓跋爲氏也. -원주)

415 혜제惠帝 시대의 마감

혜제는 재위 17년 동안 연호를 다섯 번 고쳐, 원강元康, 영강永康, 대안大安, 영흥永興, 광희光熙라 하였다. 태제太弟가 위에 오르니 이가 효회황제孝懷皇帝이다.(307년)

○ 帝在位十七年, 改元者五: 曰元康·永康·太安·永興·光熙. 太弟立, 是爲 孝懷皇帝.

【五】마땅히 '八'이어야 한다.《紀年》을 보라.(當作八, 詳見紀年. -원주)

3. 孝懷皇帝

> ⊕ 懷帝. 西晉의 제3대 황제.
> 司馬熾. 307년~313년 재위.

416 효회황제孝懷皇帝

효회황제孝懷皇帝는 이름이 치司馬熾이다. 혜제 15년에 무제武帝의 아들 25명이 서로 공격하여 싸운 결과 살아남은 사람은 겨우 세 사람뿐이었으며 치는 그 중 하나였다. 평소 학문을 좋아하였기 때문에 태제에 봉해졌다가 이때에 이르러 즉위한 것이다.(307년)

孝懷皇帝:
   名熾. 當惠帝之十五年, 武帝子二十五人, 兄弟相屠之餘, 存者三人而已, 熾其一也. 素好學, 故立爲太弟, 至是卽位.

【十五年】 永興 元年(304년)에 해당한다.
【三人】 司馬穎, 司馬熾, 司馬晏 세 사람.

417 성成나라

성도왕 이웅李雄이 황제를 일컫고 국호를 성成이라 하였다.(303년)

○ 成都王李雄稱帝, 國號成.

【成都王】《通鑒》에 의하면 이는 惠帝 光熙 元年의 일이다.(案通鑒: 此一節事, 在惠帝光熙元年. -원주)

418 유연劉淵이 칭제하다

한왕漢王 유연劉淵이 황제를 일컫고(304년) 평양平陽으로 도읍을 옮기고 그 아들 총劉聰과 석륵石勒을 파견하여 진나라 내지內地를 공격, 낙양洛陽에 이르렀다.

석륵은 무향武鄕 갈羯 사람이다. 이에 앞서 석륵은 낙양에 이르러 동문東門에 기대어 서서 휘파람을 불고 있었다. 마침 왕연王衍이 그의 특이함을 보고 뒤에 난을 일으킬 것을 알아차렸으며 얼마 후 석륵은 과연 한漢을 따랐다.

○ 漢王劉淵稱帝, 徙都平陽, 遣其子聰及石勒等, 攻晉內郡, 以至洛陽. 勒武鄕羯人也. 先之嘗至洛陽, 倚上東門長嘯. 王衍識其有異後爲寇, 已而從漢.

【武鄕】遼州에 있음.

419 유연이 죽다

한주漢主 유연이 죽고, 아들 화劉和가 섰으나 총劉聰이 이를 죽이고 뒤를 이었다.(310년)

○ 漢主淵卒, 子和立, 聰弑而代之.

【聰】劉和의 아우.

420 이런 놈은 써먹을 데가 없다

　태부太傅 동해왕東海王 월司馬越이 군사를 파견하여 궁중에 들어가 호위토록 하였다. 그리고 우격羽檄을 띄워 천하 군사를 징집하여 응원하도록 하고 자신도 군사를 이끌고 나아가 석륵石勒을 토벌하였으나 전사하고 말았다.
　석륵의 군사는 월司馬越의 군사를 깨뜨리고 태위太尉 왕연王衍 등을 사로잡았다. 왕연은 스스로 이렇게 말하였다.
　"나는 젊을 때부터 벼슬할 생각이 없어 세상일에는 관여할 수 없소."
　그러자 석륵이 말하였다.
　"내 세상에 널리 많은 일을 해보았지만 아직 이런 놈은 본 적이 없다. 그리고도 아직 살아 있을 수 있었는가?"
　그러자 어떤 이가 말하였다.
　"그들은 모두 진나라 왕공王公으로 끝내 우리가 써먹을 수 없습니다."
　석륵이 말하였다.
　"비록 그렇다고는 하나 칼날로 해쳐서는 안 된다."
　석륵은 그날 밤 사람을 시켜 담을 밀어 압사시켜버렸다.

　○ 太傅東海王越, 遣兵入宿衛. 仍遣使, 以羽檄徵天下兵, 入援, 越自帥兵討石勒, 卒于軍. 勒兵敗越軍, 執太尉王衍等.
　衍自言:「少無宦情, 不豫世事.」
　勒曰:「吾行天下多矣, 未嘗見此輩人. 尙可存乎?」
　或曰:「彼皆晉之王公, 終不爲吾用.」
　勒曰:「雖然要不可加以鋒刃.」
　夜使人排牆殺之.

　【排牆】 압살함을 뜻함.(謂推倒其牆, 以壓殺之也. -원주)

421 회제懷帝가 포로가 되다

한주漢主 총劉聰이 호연안呼延晏을 파견하여 군대를 이끌고 낙양洛陽을 공격하도록 하였다. 유요劉曜, 왕미王彌, 석륵石勒 등의 군사가 모두 합류하여 드디어 낙양을 함락하고 회제懷帝를 잡아 평양平陽으로 압송하였다. 회제는 얼마 뒤 피살당하였다.(312년)

○ 漢主聰遣呼延晏將兵攻洛陽. 劉曜・王彌・石勒皆會, 遂陷洛陽, 執帝送平陽, 尋被殺.

〈親晉胡王〉(西晉) 銅印

422 회제가 죽다

혜제는 재위 5년 간 연호를 한 번 고쳐 영가永嘉라 하였다. 진왕秦王이 장안長安에서 즉위하였다.(313년) 이가 효민황제孝愍皇帝이다.

○ 帝在位六年, 改元者一, 曰永嘉. 秦王立於長安, 是爲孝愍皇帝.

4. 孝愍皇帝

> ◉ 愍帝. 西晉의 제4대 황제.
> 司馬鄴. 313년~317년 재위.

423 효민황제 孝愍皇帝

효민황제는 이름이 업司馬業이었으며 오왕吳王 안司馬晏의 아들이며 무제武帝의 손자로서 진왕秦王에 봉해졌었다. 낙양이 이미 함락되자 순번荀藩이 모시고 허창許昌으로 달아났는데 당시 나이는 열둘이었다.

이윽고 색침索綝이 왕을 맞아 옹주雍州로 들어갔으며 자사刺史 가아賈疋 등도 업業을 받들어 황태자皇太子로 삼고 행대行臺를 설치하였다. 그러나 가아는 적의 손에 죽어 국윤麴允이 대신 옹주를 거느리고 있다가 회제懷帝가 죽었다는 부음이 이르자, 업이 장안에서 즉위한 것이다. (313년)

孝愍皇帝:

名業, 吳王晏之子, 武帝孫也. 封秦王. 洛陽旣陷, 荀藩奉王趨許昌, 時年十二. 已而索綝迎入雍州, 刺史賈疋等, 奉爲皇太子, 建行臺. 盜殺疋, 麴允領雍州, 懷帝凶問至, 王卽位於長安.

【業】《通鑑》에는 '鄴'으로 되어 있음.
【雍】九州의 하나로 京兆를 가리킴.
【疋】음은 '아'.(音雅. -원주)
【凶問】부음(訃音)과 같음.

424 석륵石勒의 침입

석륵石勒이 석호石虎를 파견하여 업鄴을 공격토록 하여 이를 함락시키고 그곳을 점거하였다.

○ 石勒遣石虎攻鄴, 陷而據之.

【虎】石勒의 둘째아들.

425 서진西晉의 멸망

(1) 푸른 옷을 입고 술을 따르라

한漢이 자주 장안에 침입하자 국윤麴允과 색침索綝이 여러 차례 이들을 패주시켰지만 얼마 지나지 않아 한병이 연달아 여러 군을 함락시키고 장안으로 밀려와 먼저 외성外城을 함락시켰다.
국윤과 색침은 물러나 소성小城을 지켰으나 안팎의 연락이 끊어져, 성안은 굶주림이 심하게 되어 마침내 황제는 나와 항복하였다.
한의 상수 유요劉曜가 그를 평양平陽으로 보냈다. 한주漢主 총劉聰은 연회를 열어 진나라 군신을 대접하면서 민제에게 청의靑衣를 입고 돌아다니며 술을 따르고 술잔을 씻으라 하였다. 그리고 그로 하여금 자신이 외출할 때면 신하처럼 일산日傘을 들도록 시켰으며, 뒤에 결국 그를 죽여버렸다. (317년)

○ 漢屢寇長安, 麴允索綝屢敗之, 未幾漢兵連陷諸郡, 逼長安, 先陷外城. 麴允索綝退守小城, 內外斷絶, 城中饑甚, 帝出降. 漢將劉曜送平陽, 聰享羣臣, 命帝著靑衣, 行酒洗爵. 又使執蓋, 後遇害.

(2) 서진西晉의 종언

민제愍帝는 재위 4년, 연호를 한 번 고쳐 건흥建興이라 하였다. 서진西晉은 무제武帝로부터 이에 이르기까지 4대 52년이었다.

낭야왕琅琊王이 서서 건업建業에서 즉위하니 이가 동진東晉의 중종원황제中宗元皇帝이다.(317년)

帝在位四年, 改元者一, 曰建興. 西晉自武帝至是凡四世, 五十二年. 琅琊王立於建業, 是爲中宗元皇帝.

【中宗元皇帝】 건업(建業, 지금의 南京)에서 晉나라 혈통을 이어 다시 나라를 일으킨 東晉의 첫 임금인 元帝 司馬睿. 317년~323년 재위.
● 원주에는 西晉의 멸망에 대한 진(晉)나라 때 干寶의 史評을 싣고 있다.
干寶論曰:「晉宣帝以雄才碩量, 應時而起, 性深阻有若城府, 而能寬綽以容納, 行數術以御物, 而知人善拔. 於是百姓與能, 大象始構, 世宗承基, 大祖繼業, 咸黜異圖, 用融前烈. 至于世祖, 遂享皇極, 仁以厚下, 儉以足用, 和而不弛, 寬而能斷, 掩唐虞之舊域, 班正朔於八荒. 于時有天下無窮人之諺, 雖太平未洽, 亦足以明民樂其生矣. 武皇旣崩, 山陵未乾, 而變難繼起, 宗子無維城之助, 師尹無具瞻之貴, 朝爲伊周, 夕爲桀跖, 國政迭移於亂人, 禁兵外散於四方, 方嶽無鈞石之鎭, 關門無結草之固, 戎羯稱制. 二帝失尊, 何哉? 樹立失權, 託付非才, 四維不張, 而苟且之政多也. 夫基廣則難傾, 根深則難拔, 理節則不亂, 膠結則不遷. 昔之有天下者, 能長久, 用此道也. 周自后稷, 愛民十六主, 而武始君之. 其積基樹本, 如此其固. 今晉之興也, 其創基本, 固異於先代矣. 加之朝寡純德之人, 鄕乏不貳之老, 風俗淫僻, 恥尙失所. 學者以莊老爲宗, 而黜六經, 談者以虛蕩爲辯, 而賤名檢. 行身者, 以放濁爲通, 而狹節信. 進仕者, 而苟得爲貴, 而鄙居正. 當官者, 以望空爲高, 而笑勤恪. 婦女不知女工, 任情而動, 有逆于舅姑, 有殺戮妾滕, 父兄弗之罪也, 天下莫之非也. 禮法刑政, 於此大壞, 風勢如此, 雖以中庸之才, 守文之主治之, 猶懼致禍, 況惠帝以放蕩之德臨之哉! 懷帝承亂得位, 羈以權臣, 愍帝牸播之後徒守虛名, 天下之勢旣去, 非命世之雄才, 不能復救之矣.」

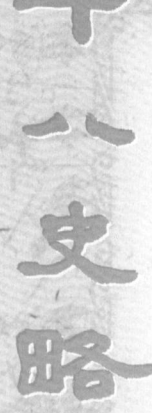

部曲陶俑

綠釉陶楼

十八史略

十二支鐵燈

綠釉陶壺

十八史略

綠釉陶水亭

雙羊銅鉓

十八史略

擊鼓說唱陶俑

彩繪陶舞俑

十八史略

陶戏楼

임동석(茁浦 林東錫)

慶北 榮州 上茁에서 출생. 忠北 丹陽 德尙골에서 성장. 丹陽初中 졸업. 京東高 서울 教大 國際大 建國大 대학원 졸업. 雨田 辛鎬烈 선생에게 漢學 배움. 臺灣 國立臺灣師 範大學 國文研究所(大學院) 博士班 졸업. 中華民國 國家文學博士(1983). 建國大學校 教授. 文科大學長 역임. 成均館大 延世大 高麗大 外國語大 서울대 등 大學院 강의. 韓國中國言語學會 中國語文學研究會 韓國中語中文學會 會長 역임. 저서에《朝鮮譯 學考》(中文)《中國學術槪論》《中韓對比語文論》. 편역서에《수레를 밀기 위해 내린 사람들》《栗谷先生詩文選》. 역서에《漢語音韻學講義》《廣開土王碑研究》《東北民族 源流》《龍鳳文化源流》《論語心得》〈漢語雙聲疊韻研究〉 등 학술 논문 50여 편.

임동석중국사상100

십팔사략十八史略

曾先之 編 / 林東錫 譯註
1판 1쇄 발행/2009년 12월 12일
3쇄 발행/2015년 12월 1일
발행인 고정일
발행처 동서문화사
창업 1956. 12. 12. 등록 16-3799
서울중구다산로12길6(신당동,4층) ☎546-0331~6 (FAX)545-0331
www.dongsuhbook.com
잘못 만들어진 책은 바꾸어 드립니다.

*

이 책의 출판권은 동서문화사가 소유합니다.
의장권 제호권 편집권은 저작권 법에 의해 보호를 받는 출판물이므로 무단전재와 무단복제를 금합니다.
이 책의 일부 또는 전부 이용하려면 저자와 출판사의 서면허락을 받아야 합니다.

*

사업자등록번호 211-87-75330
ISBN 978-89-497-0567-5 04080
ISBN 978-89-497-0542-2 (세트)